Supermarket Management

商场超市
文书写作·讲稿撰写·活动策划

付玮琼 主编

化学工业出版社

·北京·

《商场超市文书写作·讲稿撰写·活动策划》以商场超市日常管理为主线，分为三部分：

● 商场超市文书写作（包括文书写作概念、文书的格式和作用、行政文书写作、通用文书写作、商务文书写作）。

● 商场超市讲稿撰写（包括领导讲稿撰写、日常讲稿撰写、讲话类文书写作）。

● 商场超市活动策划（包括开业庆典活动策划、周年庆典活动策划、节日促销活动策划）。

《商场超市文书写作·讲稿撰写·活动策划》实用性强，着重突出可操作性，书中附有大量的范本，可帮助商场超市的相关人员提升工作能力、提高工作效率，使之为企业的项目管理创造价值且发挥更大的作用。

图书在版编目（CIP）数据

商场超市文书写作·讲稿撰写·活动策划/付玮琼
主编．—北京：化学工业出版社，2018.3
ISBN 978-7-122-31315-7

Ⅰ．①商…　Ⅱ．①付…　Ⅲ．①商场-应用文-写作
②超市-应用文-写作　Ⅳ．①F717

中国版本图书馆CIP数据核字（2018）第001604号

责任编辑：陈　蕾　　　　　　　　装帧设计：尹琳琳
责任校对：王素芹

出版发行：化学工业出版社（北京市东城区青年湖南街13号　邮政编码100011）
印　　装：三河市延风印装有限公司
710mm×1000mm　1/16　印张14¼　字数247千字　2018年3月北京第1版第1次印刷

购书咨询：010-64518888（传真：010-64519686）　　售后服务：010-64518899
网　　址：http://www.cip.com.cn
凡购买本书，如有缺损质量问题，本社销售中心负责调换。

定　　价：58.00元

▶▶ 前　言

目前中国整个零售业在GDP的总量中的占比已经较高，再加上中国的城镇化率也显示出缓步发展态势，导致零售业的增速也开始趋缓，线下零售商面临的竞争态势更为严峻。在这样的宏观环境下，作为品牌商的商场超市而言，更加需要了解消费者需求，顺应消费者行为的转变，不断创新。

商场超市规模大不一定效益就好，要使商场超市真正获得成功，单凭做大规模是不够的。面对各种竞争，商场超市在迅速发展的同时必须时时注意自己内部管理体系的完善，形成一套科学、规范、完备的管理方式和经营理念，使管理制度和方法标准化、购销和存储等各个环节运作专业化、岗位作业流程和内容简单化、总部和门店的经营管理集中化。同时，商场超市要重视内部规范管理和市场营销的作用，把工作的重点逐步转移到内部规范、研究市场、活动策划上来。这就要求作为商场超市的管理者，不仅要有管理能力、组织能力，还要有过硬的文书写作、讲话及活动策划等能力。

文书写作的能力就是动笔和处理能力。文书是一个单位为适应市场经济的发展，及时解决内部管理问题，协调处理经济业务活动以及其他各种对内对外关系的需要，而形成的一系列规范性文体。常用文书处理工作的规范化，是一个单位管理工作规范化的基本要求，也是一个单位提高办事效率和工作质量，维护企业正常生产、工作秩序，促进一个单位发展的重要保证。一套完善、有效的文书处理制度，能将大量的管理工作系统化、规范化、标准化，使杂乱变有序，烦琐变简单，拖沓变高效。因此，文书的处理与写作显得尤为重要。本书结合商场超市的特点，对商场超市常用的请示、报告、函、通知、总结、计划、会议纪要、简报等做了较为详细的描述，列举了很多典型的范例，方便读者使用。

讲稿撰写能力主要表现为对资料的分析总结能力、领导思想的领悟能力以及文字的处理能力。商场超市领导经常在各种场合进行讲话，所以讲稿的撰写十分重要。同样是商场超市应用文体，讲稿不同于文书的地方在于其是领导口述给听众的，这就要求讲稿的撰写要在文字词句的处理上使听众能够听懂，但是又要有深度，本书从多个角度对讲稿撰写做了阐述。

一个单位的活动，大到企业年会，小到员工生日都是一种企业文化，是凝聚大家的一种方式。活动的策划是以一个单位为主体，由一个单位组织策划，员工参与的团队活动，形式多种多样，比如内部运动会、单位年会、周年庆典、单位旅行和以宣传单位影响力为目的的公益或者城市定向等活动的组织和实施。作为商场超市的管理者不仅仅要组织策划，还要积极参与各类活动，这样不仅可以加强团队凝聚力，还可以充分调动员工的积极性。

基于此，我在多年工作的过程中，根据自己的经验，结合国家的相关规范政策，编写了《商场超市文书写作·讲稿撰写·活动策划》一书。本书脉络清晰、定义明确、资料新颖、范例翔实、涉及面广、通俗易懂，实用性强。主要包括商场超市文书写作、商场超市讲稿撰写、商场超市活动策划等内容。

由于编者水平有限，不足之处在所难免，还请读者提出宝贵意见和建议。

编者

▶▶目 录

第一部分 文书写作

第二部分　讲稿撰写

第三部分　活动策划

第一部分
文书写作

第一章　商场超市文书写作概述

第一节　商场超市文书的作用和种类

一、商场超市文书写作的作用

商场超市文书写作与其他任何文本的撰写一样，其作用和最终目的都是为了与别人进行某种形式的交流与沟通。而需要强调的一点是，沟通并不仅仅是所传递出来的信息，而是被别人理解的信息。

因此，在商场超市文书写作方面最为重要的一点就是要避免陷入单向沟通的误区，时刻站在读者的角度来思考问题并形成最后的文字表现，让文书接收方能够理解自己的意图，这样才能发挥出文书的沟通作用。

二、商场超市文书的分类

在商场超市的实际工作中，文书有很多种，根据其形式和用途可以大致划分为以下的类型。

1.按形式来划分

以形式作为划分标准，商场超市文书可以大致分为以下两类，如图1-1所示。

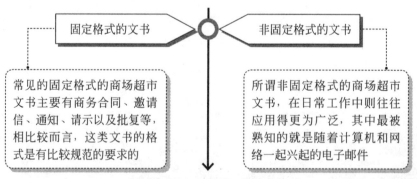

图1-1　按形式来划分文书种类

2.按内容用途来划分

以内容或用途作为划分标准，商场超市文书则可以分为以下两类，具体如图1-2所示。

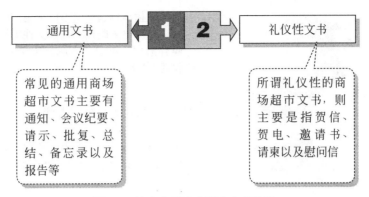

图1-2　按内容用途来划分文书种类

第二节　商场超市文书写作的步骤

商场超市文书写作有以下六个步骤。

步骤一：制定正确的行动目标

在撰写商场超市文书之前，应该首先确定该文书的行动目标，即希望该文书的对象在收到文书之后采取怎样的行动，有两个要点，如图1-3所示。

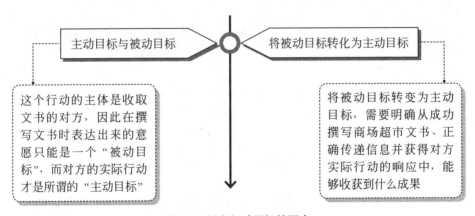

图1-3　制定行动目标的要点

步骤二：决定文书的正式程度

商场超市文书正式程度所表现的3个方面，如图1-4所示。

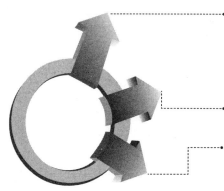

形式是指商场超市文书所采用的媒介的形式，如发电子邮件、寄送文件等，不同的媒介形式，决定了商场超市文书的体裁、格式以及称谓等具体内容

称谓就是对目标读者的称呼

语气就是指在撰文过程中采取相对轻松愉快的口吻还是比较凝重严肃的口气的选择

图1-4　文书正式程度的表现

步骤三：设定文章的总体风格

1.把握总体风格

对商场超市文书总体风格进行判断和把握，主要有两个方面：一是沟通的内容是否在目标读者的资源及能力范围之内，二是双方是否相互认可，这两个方面的因素共同决定了对商场超市文书总体风格的最终选择。文书总体风格主要有4种，如图1-5所示。

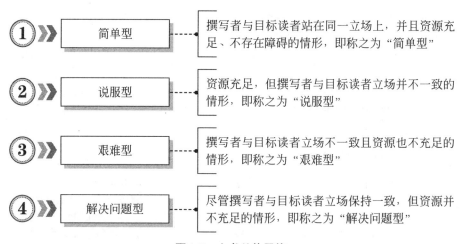

① 简单型 —— 撰写者与目标读者站在同一立场上，并且资源充足、不存在障碍的情形，即称之为"简单型"

② 说服型 —— 资源充足，但撰写者与目标读者立场并不一致的情形，即称之为"说服型"

③ 艰难型 —— 撰写者与目标读者立场不一致且资源也不充足的情形，即称之为"艰难型"

④ 解决问题型 —— 尽管撰写者与目标读者立场保持一致，但资源并不充足的情形，即称之为"解决问题型"

图1-5　文书总体风格

2.总体风格的设定

根据以上文书风格的分析判定结果，可以按照以下的方式来把握商场超市文书的总体风格。

（1）简单型。如果是简单型文书，那么其总体风格就是以罗列事实为主。这是因为这类文书的行动目标对于目标读者而言难度并不大，并且在立场上对方也持相同一致的态度，所以这类文书的内容只要告诉目标读者有这样一件事情即可，在篇幅上可以相对简短。

（2）说服型。如果是说服型文书，由于其行动目标与目标读者的初衷并不一样，撰写者需要通过文书来使其改变原来的想法或者认识，所以尽管资源状况是充足的，但仍然会需要与目标读者进行反复多次的沟通才能达到目标。因此，这类文书通常篇幅较长，并且需要特别突出强调撰写者的利益所在，充分分析自己观点或者想法的优势和好处，以达到转变目标读者立场的目的。

（3）解决问题型。解决问题型的文书通常运用于员工与领导进行沟通并且意见并不一致的时候，其总体风格是有问有答且篇幅较长。换而言之，在这种类型的文书中，撰写者运用将问题和答案打包的形式向目标读者提供包含一种甚至多种方法的解决方案。

（4）艰难型。艰难型文书在资源和立场两个方面都遇到了障碍，因此成功达到有效沟通的概率会很小。

步骤四：选择文章的层次结构

商场超市文书的层次结构是非常重要的，主要的层次结构包括以下5种类型。

1.连贯式

所谓"连贯式"，就是指商场超市文书的层次结构按照事情发展的时间顺序来展开，其中有两个要点，具体如图1-6所示。

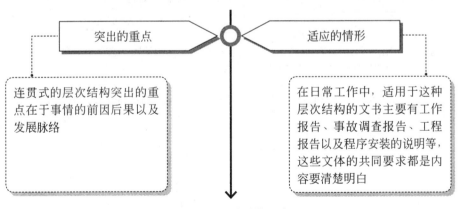

突出的重点　　　　　　　　　适应的情形

连贯式的层次结构突出的重点在于事情的前因后果以及发展脉络

在日常工作中，适用于这种层次结构的文书主要有工作报告、事故调查报告、工程报告以及程序安装的说明等，这些文体的共同要求都是内容要清楚明白

图1-6　连贯式结构要点

2.并列式

所谓"并列式"，就是商场超市文书中层次与层次之间是并列的关系。有两个要点，具体如图1-7所示。

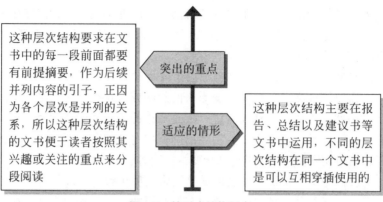

图1-7　并列式结构要点

3.分析问题式

所谓"分析问题式"，实际上就是围绕问题的出现直到最终解决的逻辑关系而展开的一种层次结构。在实际的工作环境中，出于不同的需要，分析问题式的层次结构还有着以下4个类型，具体如图1-8所示。

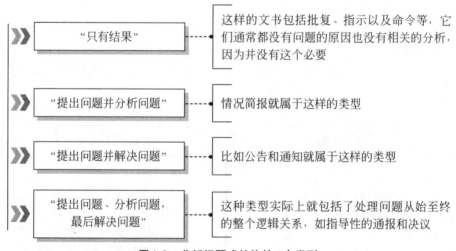

图1-8　分析问题式结构的4个类型

4.问答式

所谓"问答式"，就是指运用问答的形式来组织商场超市文书的全篇，具体如图1-9所示。

5.行动结果式

所谓"行动结果式"，就是在文书中先摆问题，后突出结果以及结果的实现方式的一种层次结构。

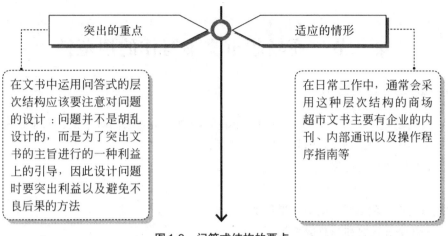

图1-9 问答式结构的要点

步骤五：列出文章的大纲

在明确了商场超市文书的行动目标、正式程度、总体风格以及层次结构之后，就需要列出文章的大纲。

1.列出大纲的好处和目的

列提纲的过程实际上就是一个建立自己思维次序的过程，在合理的撰写次序确立了之后，具体内容的行文就是水到渠成的事情了。

2.具体的做法

利用大纲来有序地组织撰写者的思路，可以有以下两种方法。

（1）提纲法。提纲法是很常见的一种列提纲的方法，实际上就是围绕商场超市文书的核心主旨，按照时间的顺序以及逻辑关系将主要内容全都罗列出来，然后往里边填充具体的内容。

（2）辐射法。辐射法则是一种发散的思维方法，即撰写者从一个中心点出发，随性地把联想到的东西或者想法都体现出来。在这个过程中，一开始并不必着急去考虑其是否具有价值以及整理这些想法的内在逻辑关系，当所有的想法都呈现出来之后，再将它们梳理清楚。

辐射法又叫"脑力激荡法"或者"头脑风暴法"，好处在于不会漏掉任何一个想法。

步骤六：撰写初稿

当以上五个步骤完成得很好时，撰写初稿就已经变得相对简单了。当然，初稿撰写完成之后，还应该进行细致的校对，以使得文书更加的规范和生动。

第三节　商场超市文书写作的规范性

一、数字的使用规范

对商场超市文书写作规范性的要求首先表现在所应用的数字上。对于在商场超市文书中应用的数字，有以下的使用规范和要求。

1.数字要真实准确

表现在文书中的数字通常对实际工作有着极大的指导作用和意义，因此其中所援引的数字数据必须是真实准确的。

2.各个分数之和与总数相等

各个分数之和与总数相等也是运用数字的基本要求之一。

3.统计口径一致

在商场超市文书中援引的数字的统计口径也是非常重要的，不同统计口径的数据放在一起是没有任何意义的，只有在统计口径一致的前提下，才能进行数据之间的对比。

4.列举数字有可比性

除了明确数字比较的基准之外，根据我国公文写作的法规规定，按惯例"××以上"以及"××以下"都应该是包含该数字在内的。

5.注意倍数关系

在商场超市文书中，数字之间的倍数关系反映在"降低"、"降低了"以及"降低到"等表示数字变化的用语上。需要强调的是，"降低70%"与"降低了70%"表达的是同样的倍数关系，即原来为100%，现在变为了30%；而"降低到70%"则不同，它表示原来为100%，现在变为了70%。

6.分清楚汉字与阿拉伯数字的使用场合

汉字与阿拉伯数字的使用场合是在商场超市文书写作过程中需要注意的另一个问题，需要予以明确的界定，具体的规定为："商场超市文书中的数字，除成文日期、部分结构层次叙述以及在词组惯用语、缩略语和具有修辞色彩语句中作为词素的情况必须为汉字外，其他情况应当使用阿拉伯数字。"

二、部分结构层次叙述的规范性

所谓的"部分结构层次叙述"，就是对商场超市文书中的几级嵌套的分层次编号。在这个方面，国家标准规范的具体要求如下。

（1）结构层次的第一层，其层次编号用"一""二""三"……来表示。

（2）结构层次的第二层，其层次编号用"（一）""（二）""（三）"……来表示。

（3）结构层次的第三层，其层次编号可以用阿拉伯数字来表示，如"1."、"2."等。

（4）结构层次的第四层，其层次编号可以用"（1）""（2）""（3）"……来表示。

需要注意的是，国家标准规范还要求文书的结构层次最好不要多于四级，否则逻辑关系的复杂会给读者带来极大的不便；另外，还应该注意不要越级使用各个层次的编号。

三、计量单位的使用规范

在国家标准规范中对于计量单位也是有明确要求的，详见表1-1。

表1-1　计量单位的使用规范示例表

	正确使用	错误使用
长度单位	公里、千米、米、分米、厘米	公分、尺
功率单位	千瓦、瓦	马力
质量单位	千克、公斤、吨、克、毫克	斤、两
热能单位	焦耳	千卡
体积单位	升、毫升	公升、立升
土地面积单位	公顷、平方米	亩、平方丈

四、综合校对的注意事项

在前文的内容中曾经提到，完成商场超市文书写作之后，还应该有综合校对的过程。在这个过程中撰写者应该按照商场超市文书的各种规范要求来审视自己的文书，其中应注意以下事项，如图1-10所示。

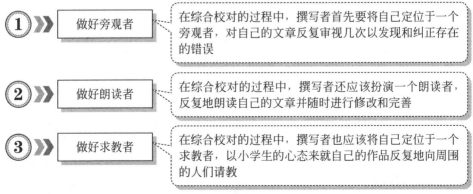

① 做好旁观者　在综合校对的过程中，撰写者首先要将自己定位于一个旁观者，对自己的文章反复审视几次以发现和纠正存在的错误

② 做好朗读者　在综合校对的过程中，撰写者还应该扮演一个朗读者，反复地朗读自己的文章并随时进行修改和完善

③ 做好求教者　在综合校对的过程中，撰写者也应该将自己定位于一个求教者，以小学生的心态来就自己的作品反复地向周围的人们请教

图1-10　综合校对的注意事项

五、词语的使用规范

在商场超市文书写作中，还应该特别注意词语的使用规范。其中，"等"和"等等"这两个词的用法尤其值得分辨清楚。

（1）表示列举未尽且后面再无其他词语的时候，"等"和"等等"都可以使用，而当后面有其他词语的时候则只能用"等"。

（2）无论是"等"还是"等等"，其前面所列举的名词或词组一般都不得少于两项，但其中有一个特例，即当前面这个词是一个专有名词或者人名时，可以只列举一个，后面用"等"概括。

（3）表示列举未尽且细指人的名词和专有名词的时候，一般只能用"等"。

（4）"等"与其前面所列举的名词或词组之间不能出现停顿，而"等等"与前面的词语之间则可以用逗号隔开。

六、标点符号的使用规范

标点符号的使用会对商场超市文书最终呈现出来的意思产生重大的影响，如果使用不当或者错误，则很有可能造成理解上的偏差和歧义。

1.标点符号的种类

标点符号实际上分为点号和标号两大类。

（1）点号。点号包括"句末点号"和"句内点号"两种，句号、问号和叹号表示一种停顿和语气的并且通常放在句子最后的称之为"句末点号"；而逗号、顿号、分号和冒号表示句内停顿的则称之为"句内点号"。

（2）标号。标号包括了以下9种。

——引号，又可分为单引和双引。

——括号，在文书写作范围内我国承认的括号主要有3种。

——破折号。

——省略号。

——着重号，用于在需要突出的内容下用点做出标记。

——连接号，即两个同类词语中间的那一小横，如秦岭—淮河。

——间隔号，通常用于西方人名之间，如迈克·乔丹。

——书名号，又可分为单书名号和双书名号。

——专名号，即画于特点文学作品下边的横线。

有关标点符号的使用规范，我国相关机构专门出版了一个小册子，其中对每一种符号的用法都有详尽的描述并进行了举例说明，这个小册子可以作为我们进行商场超市文书写作的参考。

2.具体的用法

尽管有相关的工具书可以参考，但是在这里还是就4个常见的、容易出错的标点符号的问题进行以下的辨析。

（1）反问句的标点符号。在反问句的末尾是用问号，还是感叹号？对于这个问题很多人都有不同的意见，在这里我们认为两种选择都是可以的，只是适用问号和适用感叹号的情形并不相同：在同样一个反问句中，需要表现特别强调语气的时候就用感叹号，而当所表现的语气一般强烈的时候则选择使用问号。

（2）引号的用法。在使用引号的时候，需要注意以下的情况。

——非法规性的文件，用引号加以强调而不用书名号。比如，准发××省××厅"关于人文韩大招生问题的通知"。

——特定称谓用引号，如"渤海二号"钻井平台，"神舟六号"等。

——缩略语可以用引号，如"农转非"（即农业户口转非农业户口的缩写）。

——需要着重论述的对象用引号予以标识，如有物就是要有内容，有序就是要有条理，那么加上引号变为"有物"和"有序"之后，就表明作者在句子当中分别强调说明有物和有序。

（3）括号的用法。括号可以表示一个文件的成熟程度，比如说某一个政府文件是试行办法还是最终的版本，其只能用于需要进行说明的词语的结尾，如《××市人民政府住房公积金管理办法（试行）》。

（4）省略号的用法。省略号表示的是引文的省略、列举的省略或者说话断断续续的状态，需要特别注意的是，省略号不能与"等"以及"等等"这些词语一起使用。

3.标点符号的点放位置

关于标点符号的点放位置，需要注意以下4点。

（1）点号可以放在一行文字的末尾，但是不可以放在一行文字的开头，换而言之，点号应该要紧跟前面的文字，而不要把它单独放到下一个行。

（2）标号中的引号、括号和书名号，前半个不能放在一行文字的末尾，而后半个则不能放在一行的开头。

（3）标号中的省略号和破折号，不可以一半在前一行文字中同时另一半在后一行文字中。

（4）引文结尾处的句号和引号，如果引用语是作为一个独立整体存在，则句号在先，反之，则句号在后。

第二章 商场超市文书的格式和作用

第一节 一般公文格式

一般公文格式是指平行文或下行文的格式，又称通用型公文格式。根据《党政机关公文处理工作条例》（中办发〔××〕14号）和《党政机关公文格式》（GB/T 9704—××）规定，公文格式一般由份数序号、秘密等级和保密期限、紧急程度、发文机关标识、发文字号、签发人、标题、主送单位、正文、附件说明、印章、成文日期、附注、附件、主题词、抄送机关、印发机关、印发日期等要素组成，平行文和下行文格式一般由除签发人以外的上述其他各要素组成。一份完整的公文分为眉首、主体、版记三部分。置于公文首页红色反线（又称"间隔线"）以上的各要素统称公文眉首；置于红色反线以下至主题词之间的各要素统称公文主体；置于主题词以下的各要素统称公文版记。

一般公文格式各部分的要素及其编排顺序、标识规则如下。

一、版头部分

版头部分又称文头和眉首，包括份数序号、秘密等级和保密期限、紧急程度、发文机关标识、发文字号、签发人等要素，具体内容见表2-1。

表2-1 版头要素

序号	名称	要点
1	份数序号	（1）份数序号即该份文件印制份数的顺序编号，6位阿拉伯数字顶格编排在版心左上角第1行，用黑色标注 （2）涉密公文一定要标注份号，如果发文机关认为有必要，也可对不涉密公文标注份号
2	秘密等级和保密期限	（1）秘密等级是指公文内容涉及秘密程度的等级，秘密等级分为"秘密"、"机密"、"绝密"三级 （2）保密期限即对公文保密期的规定，至保密期限之后公文自行解密，保密期限标识一般以日、月、半年、年为时间段

续表

序号	名称	要点
2	秘密等级和保密期限	（3）如需标注密级和保密期限，一般用3号黑体字，顶格编排在版心左上角份号之下；保密期限中的数字用阿拉伯数字，秘密等级和保密期之间加★，如秘密等级为机密、保密期限1年，则标识为"机密★1年"
3	紧急程度	（1）紧急公文应当根据紧急程度分别标明"特急"、"加急" （2）电报格式的公文紧急程度分为四级，从急到缓依次为：特提、特急、加急、平急 （3）如需标注紧急程度，一般用3号黑体字，顶格编排在版心左上角；如需同时标注份号、密级和保密期限、紧急程度，按照份号、密级和保密期限、紧急程度的顺序自上而下分行排列
4	发文机关标识	（1）俗称文件红头，由发文机关全称或者规范化简称后加"文件"二字组成，一般采用红色小标宋体，居中均匀排列 （2）发文机关标识上边缘距版心上边缘35毫米，联合行文时，主办机关名称在前，其他机关名称并列下方，右侧"文件"二字上下居中排布；不管联合行文机关多少，都必须保证公文首页显示正文
5	发文字号	（1）发文字号又称文号，由发文机关代字、年份和序号组成，在发文机关标识下空2行居中标识；发文字号编排在发文机关标志下空二行位置，用三号仿宋体，上行文左空一字，下行文居中 （2）发文字号的书写顺序是机关代字、年份、序号，如"国统字〔××〕1号"表示国家统计局在××年度制发的第1号文，发文字号由本机关公文管理部门统一编写，年份、序号用阿拉伯数字标识，年份应标全称，用六角括号"〔〕"括入，序号不编虚位，不加"第"字；联合行文，只标明主办机关发文字号，发文字号之下4毫米标一条与版心等宽的红色反线
6	签发人	（1）上报的公文需标识签发人姓名，这时发文字号标识在发文机关之下居左空1字，签发人姓名平行居右空1字，签发人用3号仿宋体字，签发人姓名用3号楷体字标注 （2）联合行文时有多个签发人，签发人姓名按发文机关的顺序排列从左到右、自上而下依次均匀顺排，一般每行排2个姓名，回行时与上一行第一个签发人姓名对齐，最后一个签发人姓名应与发文字号处在同一行并使红色分隔线与之的距离为4毫米

二、公文主体

公文主体是公文的最主要部分，包括公文标题、主送机关、公文正文、附件说明、等要素，具体内容见表2-2。

表2-2 公文主体要素

序号	名称	内容
1	公文标题	标题由发文机关名称、事由和文种组成；4个以上（含4个）机关联合行文时，标题中发文机关名称可简略；公文标题中除法规、规章名称加书名外，一般不加标点符号；公文标题一般用2号小标宋字体，编排于红色分隔线下空2行的位置，分一行或多行居中排布，回行时要做到词意完整、排列对称、长短适宜、间距恰当，标题排列应使用梯形或菱形，换行时应避免词语分开引起歧义；公文标题中除法规、规章名称加书名号或特定词用引号外，一般不用标点符号，停顿用空格符或换行
2	主送机关	主送机关，又叫作"抬头"，指公文的主要受理机关；主送机关写在正文之前、标题之下（空1行），左侧顶格，后加全角冒号；主送机关应当使用全称或者规范化简称、统称；如主送机关较多时，应按其性质、级别或惯例依次排列，同类并列机关中间用顿号、类与类之间用逗号隔开；其排列顺序通常为，一是按先地方机关后中央机关，二是按党政军群（有关团体）顺序，三是按发文内容需要确定；若主送机关太多，则要注意必须保证首页显示正文；如主送机关名称过多而使公文首页不能显示正文时，可将主送机关名称移至版记中的主题词之下、抄送之上，标识方法同抄送机关
3	公文正文	（1）正文是公文的主体和核心，用来表述公文的内容，正文紧接主送机关下1行，每自然段开头左侧空2个字，回行顶格；数字、年份不能回行；公文首页须显示正文；一般公文的首个盖章页应当同时显示正文、发文机关署名和印章 （2）正文中标题字号的使用：文种结构层次依次可以用"一、"、"（一）"、"1."、"（1）"标注，一般一级标题用黑体字，二级标题用楷体，三级和四级与正文一样用3号仿宋
4	附件说明	（1）公文如有附件，应在正文下1行标识附件说明，附件说明包括"附件"二字和附件名称，"附件"前空2字，后标全角冒号，如有2个以上附件，要以阿拉伯数字标识附件序号 （2）每个附件名称分行并列排列，附件名称后不加标点符号；如附件名称较长需回行时，下一行的左边第一个字应与上一行附件名称第一字对齐；附件序号和名称应分别与正文后面所附的附件排列顺序和标题相一致；被批转、转发或以命令发布的公文，不应作附件处理，即不加附件说明 （3）附件是公文的附属公文，是文件的组成部分；附件应与公文正文一起装订，并在附件左上角第1行顶格标识"附件"，有序号的应标阿拉伯数字序号；如附件与正文不能一起装订，应在附件左上角第1行顶格标识该公文的发文序号并在其后标识"附件"或"附件"加序号；附件中若有附件，一般附在其主附件后面，子附件说明只注明"附"字和附件名称

续表

序号	名称	内容
5	发文机关署名	（1）应当用发文机关全称或规范化简称，特殊情况如议案、命令（令）等文种需要由机关负责人署名的，应当写明职务 （2）单一机关行文时，发文机关署名在成文日期之上，以成文日期为准居中编排；联合行文时，应将各发文机关署名按发文机关顺序排列在相应位置，并使印章加盖其上 （3）不加盖印章的公文，单一机关行文时，在正文下空1行右空2字编排发文机关署名，在发文机关署名下1行编排成文日期
6	成文日期	（1）是公文的生效时间，是党政机关公文生效的重要标志 （2）成文日期确定的原则和标注位置有两种：一是会议通过的决议、决定等以会议正式通过的日期为准，成文日期编排在公文标题之下，写全年、月、日，用（）括起来；二是经机关负责人签发的公文，以签发日期为准（联合行文以最后签发的机关负责人签发的日期为准） （3）成文日期在公文正文或附件说明的右下方右空4字编排，用阿拉伯数字将年、月、日标全，年份应标全称，月、日不编虚位；不加盖印章的公文，在发文机关署名下1行编排成文日期；成文日期在发文机关署名下一行和发文机关署名居中对齐
7	印章	（1）印章是公文生效的标志，是鉴定公文真伪最重要的依据之一；上行文，一定要加盖印章；有特定发文机关标志的普发性公文可以不加盖印章；纪要不加盖印章 （2）单一机关行文时，印章端正、居中下压成文日期，使发文机关署名和成文日期居印章中心偏下位置，印章顶端应上距正文一行之内；不得出现空白印章；联合上行文，发文机关只署名主办机关时，可以只加盖主办机关印章；联合下行文时，所有联署机关均须加盖印章 （3）联合行文时，应将各发文机关署名按发文机关顺序整齐排列在相应位置，并使印章加盖其上，最后一个印章端正、居中下压发文机关署名和成文日期，印章之间排列整齐、互不相交相切，每排印章两端不得超出版心，每排最多放三个印章
8	附注	附注一般是对公文的发放范围、使用时需注意的事项加以说明，请示件应当在附注的位置上标注联系人和联系方式；如有附注居左空2字加圆括号编排在成文日期下1行

三、版记部分

版记部分包括主题词、抄送机关、印发机关、印发日期、份数等。版记部分位于公文最后一页的底部，均在偶页页面。版记中各栏目间用黑色实线割开。

版记应置于公文最后一面，版记的最后一个要素置于最后一行，这样是为了方便阅文和查询。

版记中的分隔线与版心等宽，首条分隔线和末条分隔线用粗线，中间的分隔线用细线。

首条分隔线位于版记中第一个要素之上，末条分隔线与公文最后一面的版心下边缘重合。

版记部分要素见表2-3。

表2-3 版记部分要素

序号	名称	内容
1	抄送机关	（1）是指除主送机关外需要执行或者知晓公文内容的其他机关，可以是上级、平级、下级及不相隶属机关 （2）公文的抄送范围应当严格按照工作需要确定，不能滥抄也不能错抄和漏抄 （3）在排列顺序上一般按机关性质和隶属关系确定，依照先上级、再平级、后下级的次序 （4）如有抄送机关，一般用4号仿宋体字，编排在印发机关和印发日期的上一行，左右各空一字编排；"抄送"二字后加全角冒号和抄送机关名称，回行时与冒号后的首字对齐，最后一个抄送机关名称后标句号；如需把主送机关移至版记，除将抄送二字改为主送外，编排方法同抄送机关；既有抄送机关又有主送机关时，应当将主送机关置于抄送机关上一行，之间不加分隔线
2	印发机关和印发日期	（1）印发机关是指公文的印制主管部门，一般是各党政机关办公厅（室）或文秘部门；发文机关没有专门的办公厅（室）的，发文机关就是印发机关 （2）印发机关和印发日期一般用4号仿宋体字，编排在末条分隔线之上，印发机关左空一字，印发日期右空一字，用阿拉伯数字将年、月、日标全，年份应标全称，月、日不编虚位（即不编01），后加"印发"二字 （3）版记中有其他要素，应当将其与印发机关和印发日期用一条细分隔线隔开
3	页码	（1）一般用4号半角宋体阿拉伯数字，编排在公文版心下边缘之下，数字左右各放一条一字线，一字线上距版心下边缘7毫米；单页码居右空一字，双页码居左空一字 （2）公文的版记页前有空白页的，空白页和版记页均不编排页码 （3）公文的附件与正文一起装订时，页码应当连续编排

第二节 公文版式及其他有关规定

一、公文用纸和版心规格

《国家行政机关公文格式》国家标准规定，公文用纸一般采用国际标准A4型（210毫米×297毫米）；纸的规格一般为60克/平方米至80克/平方米的胶板印刷纸或者复印纸。

公文版心规格为：156毫米×225毫米（不含页码）。

公文页边为：上白边（天头）空37毫米±1毫米；下白边35毫米±1毫米；左白边（订口）空：28毫米±1毫米；右白边（翻口）：26毫米±1毫米。

二、排版规格

公文排印，汉字从左而右横排，少数民族按其书写习惯排印。

正文用3号仿宋字（16P，其字型高与宽为5.6毫米，下同），一般每页排22行，每行排28个字。行距（即字体高度加行间距离）以3号仿宋字距再加上3号仿宋体字的7/8倍（10.5毫米）为宜，一般为10毫米。

一般公文格式（平行文或下行文）的发文机关标识上边缘至版心为35毫米，上行文的发文机关标识上边缘至版心上边缘为80毫米。

眉首部分下方的红色"反线"（即间隔线）为红色实线，位于发文字号下方4毫米，红线粗1毫米，与版心同宽，一般长156毫米。

版记部分的横线为黑色实线，与版心同宽，一般长156毫米。

三、公文字号

公文的印刷字体，一般按发文机关标识、大标题、小标题、正文等顺序，依次从大到小选用。

发文机关标识推荐使用小标宋体字，用红色标识；发文机关标识字以醒目美观为原则酌定，但一般应小于"国务院文件"标识字号，即应小于15毫米×22毫米。发文机关标识版记应由本机关的文秘部门统一规定，不要随意变动，以保证公文权威性。

具体字体字号如下。

公文标题用2号小标宋体字（21P）。

秘密等级和保密期限、紧急程度、主题词标识用3号黑体字，其中主题词词组用3号宋体字。

正文、发文字号、主送机关、附件说明、成文日期、附注、附件、抄送机关、印发机关、印发日期、份数等，均为3号仿宋体字。

签发人用3号楷体字。

份数序号阿拉伯数字用3号半角黑体。

四、公文中表格

公文如需附表，竖表和横表都应在版心之间。横排的表格，应将页码放在横表的左侧，单页码置于表的左下角，双页码置于表的左上角；单页码表头在订口一边，双页码表头在切口（也称翻口）一边。

五、页码

公文页码用4号半角白体阿拉伯数字标识，置于版心下边缘之下1行，数码左右各放一条4号一字线，一字线距离版心下边缘7毫米。单页码居右空1字，双页码居左空1字。空白页和空白页以后的页面不标识页码。

六、装订要求

公文一般应左侧装订。骑马订或平订的订位为两钉外订眼距书芯上下各1/4处，平订钉锯与书脊间的距离为3～5毫米。

会议纪要参考模板

会字〔　〕××号

时间：××年××月××日

地点：××××室

主持人：×××

与会人员：××，××，××

缺席人员：××，××，××

会议记录：×××

一、存在的问题与解决事项

1.………………………………………。

2.………………………………………。

3.………………………………………。

4.………………………………………。

解决办法如下。

1.………………………………………。

2.………………………………………。

3.………………………………………。

4.………………………………………。

二、工作安排与要求

1.………………………………………。

2.………………………………………。

3.………………………………………。

4.………………………………………。

三、其他

1.………………………………………。

2.………………………………………。

3.………………………………………。

4.………………………………………。

（会议从14:30到15:30结束，会议记录由××部存档）

××部

××年××月××日

主持人：（签名）

抄报：　　　　　　　　　　　　抄送：各与会人员××××

第三章　商场超市行政文书写作

第一节　报告

一、报告的定义

报告使用范围很广。按照上级部署或工作计划，每完成一项任务，一般都要向上级写报告，反映工作中的基本情况、工作中取得的经验教训、存在的问题以及今后工作设想等，以取得上级领导部门的指导。

二、报告的特点

报告主要有五大特点，如图3-1所示。

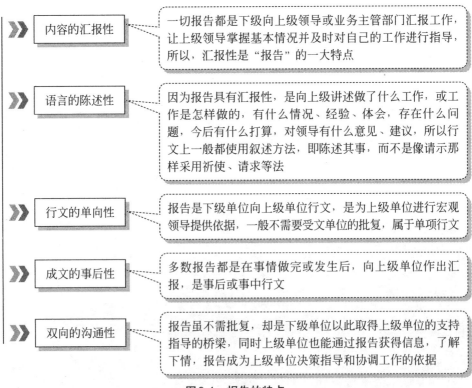

内容的汇报性	一切报告都是下级向上级领导或业务主管部门汇报工作，让上级领导掌握基本情况并及时对自己的工作进行指导，所以，汇报性是"报告"的一大特点
语言的陈述性	因为报告具有汇报性，是向上级讲述做了什么工作，或工作是怎样做的，有什么情况、经验、体会，存在什么问题，今后有什么打算，对领导有什么意见、建议，所以行文上一般都使用叙述方法，即陈述其事，而不是像请示那样采用祈使、请求等法
行文的单向性	报告是下级单位向上级单位行文，是为上级单位进行宏观领导提供依据，一般不需要受文单位的批复，属于单项行文
成文的事后性	多数报告都是在事情做完或发生后，向上级单位作出汇报，是事后或事中行文
双向的沟通性	报告虽不需批复，却是下级单位以此取得上级单位的支持指导的桥梁，同时上级单位也能通过报告获得信息，了解下情，报告成为上级单位决策指导和协调工作的依据

图3-1　报告的特点

三、报告的种类

报告主要分为四大类。

1.汇报性报告

汇报性报告主要是下级单位向上级单位、执行单位向权力单位汇报工作、反映情况的报告。这种报告一般可分为两种类型。

（1）综合报告。这种报告是本单位、本部门或本地区、本系统工作到一定的阶段，就工作的全面情况向上级写的汇报性的报告。其内容大体包括工作的进展情况、成绩或问题、经验或教训以及对今后工作的意见。

综合报告的特点是全面、概括精练，具体内容如图3-2所示。

图3-2　综合报告的特点

（2）专题报告。这种报告是本单位、本部门或本地区、本系统就某项工作或某个问题，向上级领导部门所写的汇报性报告。

专题报告的特点如图3-3所示。

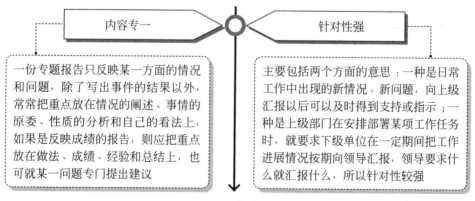

图3-3　专题报告的特点

汇报性报告主要便于领导掌握情况，为决策提供信息，除其中少数领导批转下发外，一般只予呈送，并不要求领导回答或批准什么问题。

2.答复性报告

答复性报告是针对上级领导部门或业务管理部门所提出的问题或某些要求而写出的报告。这种报告要求问什么答什么，不要涉及询问以外的问题或情况。

3.呈报性报告

呈报性报告主要用于下级向上级报送文件、物件随文呈报的一种报告，一般是一两句话说明报送文件或物件的根据或目的以及与文件、物件有关的事宜。

4.例行工作报告

例行工作报告是下级单位或企事业单位，因工作需要定期向上级领导单位或业务主管部门所写的报告。如财务部门定期向业务主管部门和财政、税收、银行等业务指导单位所呈送的财务报表，包括日报、周报、旬报、月报、季报等。

四、报告的写作格式

报告的结构如图3-4所示。

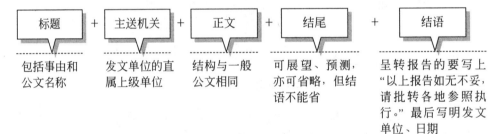

图3-4 报告的结构

【范本】▶▶▶ --

关于××商场经营状况的调查报告

按照中央"调查研究年"和"转变作风年"活动的要求，我就××商场经营现状及如何摆脱困境这一课题，从不景气的原因和应对措施方面进行了深入细致的调研，现将有关情况汇报如下。

一、××商场的基本情况

××商场位于××道和××路交界处，其前身是××供应站，是我场最早开办的百货商场，营业面积1800平方米，主要经营烟酒茶糖、副食调料、日用百货、五金电料、针纺织品、文化用品、服装鞋帽等多种商品，属公有制单位，负责为全场职工提供后勤服务，长期以来靠总场扶植。然而近年来，随着总场机制的变革，××商场由原来靠总场扶植变为自主经营、自负盈亏单位，加之市场经济的迅速发展，我场各种形式的商场、超市越来越多，竞争日益激烈。由于××商场在经营管理方式、员工主人翁意识和服务意识上都需要进一步调整和适应，加之近年来职工工资增长幅度较大，致使××商场陷入内部成本上升，外部市场疲软的困境，经济效益大面积滑坡，职工发不全工资，到了举步维艰的地步。

二、商场不景气的原因

（一）主观原因

一是经营管理思想和现行管理机制与当前竞争日益激烈的市场形势不相符，存有很大差距。特别是在经营策略和用工制度上受多年来传统观念的制约，难以与其他社会上的商场相竞争。因此，从管理角度讲，难度较大。二是商场员工主人翁意识不强，在服务质量和服务态度上与其他社会商场相比差距较大。由于商场原属公有制单位，商场收入不与职工经济利益挂钩，职工到月拿工资，干多干少一个样，干好干坏一个样。现在一下子变为自主经营、自负盈亏单位，职工不能及时调整心态，吃"大锅饭"的思想观念根深蒂固。另外，现在都讲花钱买服务，而××商场的员工缺乏主动引导顾客消费的经验，在服务质量上距顾客的要求差距较大，未能让顾客享受"上帝"的感觉，这也是造成商场困境的主要原因之一。

（二）客观原因

一是地势较偏。由于总场近几年的发展比较快，广大职工的居住中心转向东北，致使商场离繁华地段较远，影响营业额。二是广大职工的消费观念的改变。随着职工收入水平的提高，居民的生活水平和消费水平也在不断提高，一些人愿意到大城市购物。三是市场竞争激烈。原来职工想买东西，只有××商场一家商店，但是现在随着市场经济的迅速发展，各居民小区内都开办了不同规模的商场、超市，许多顾客图方便，愿意就近购买。四是由于商场员工是国家正式职工，工资水平与社会上商场员工的工资相比要高出2～3倍，而营业额及利润又偏低。因此，造成成本高，经营不景气。

三、解决问题的对策

（一）提高质量，促进发展

一是提高服务质量。"同质比价，同质同价比服务"，服务质量的好坏，直接影响着商场生意的好坏，所以我们要从自身做起，进一步解放思想，更新观念，以"顾客满意不满意"为工作标准，做好商品的售前、售中、售后服务，文明经商，礼貌待客，让广大消费者高兴而来，满意而去。二是提高商品质量。质量是商品的生命，质量好的商品能够提高商场的知名度，所以要严把商品进货关，广开进货渠道，坚持货比三家，在保证质量的同时，使所经营的商品逐步达到品牌化、系列化，力求物美价廉，减少商品积压，以增强市场竞争能力。

（二）加强管理，挖潜增效

一是加强安全管理。××年火灾事故，给商场造成直接经济损失9万余元，我们要从中吸取教训，把安全工作作为头等大事来抓，教育全员牢固树立大安全观念，严格落实安全生产责任制，与班组、个人签订责任状，把责任落实到个人。同时要加强安全检查，消除安全隐患，保证商场各项工作的安全运行。二是要加强财务管理。建立健全科学、合理的财务管理制度，加强成本核算，控制资金投向，搞好资金运营，确保商场整体工作高效运转。三是降低管理成本。首先要将管理成本中的各项指标分解到班组、岗位和个人，使商场的每个员工都承担降低管理成本的责任，把市场压力及亏损因素消化于各个环节，使商场员工人人当家理财，真正成为商场的主人。其次要通过层层签订承包协议，联利计酬，把每个班组、岗位和个人的责、权、利与商场的经济效益紧密地结合在一起，将个人的工资与目标完成情况直接挂钩。

（三）以人为本，优化组合

人是生产的第一要素，对于任何一个单位，做好人的工作都至关重要。××商场现有在职职工40人，大部分都是女同志，在实际工作中，一是要搞好人力资源配置，以"科学合理、精简高效、责权明确、分工协作"为宗旨，科学组合，量才用人，人尽其用。同时，认真搞好职工的素质教育和业务培训，提高工作质量和工作效率。二是要优化工作环境，努力加强外部和内部环境建设，并积极争取上级机关及兄弟单位的理解和支持，创造新的发展机遇。三是要改善用工制度，建立竞争激励机制，奖勤罚懒，多劳多得，充分调动员工的工作积极性和主动性，营造良好的工作氛围。

经过一年来的试运行，商场的经营状况有所改观。"山不在高，有仙则名；水不在深，有龙则灵"。我们相信，只要××商场全体员工同心同德，开拓创新，与时俱进，一定会走出困境。

第二节　公告

一、公告的定义

公告是行政公文的主要文种之一，它和通告都属于发布范围广泛的晓谕性文种。公告是宣布重要事项或者法定事项时使用的公文。

二、公告的特点

公告有四大特点，如图3-5所示。

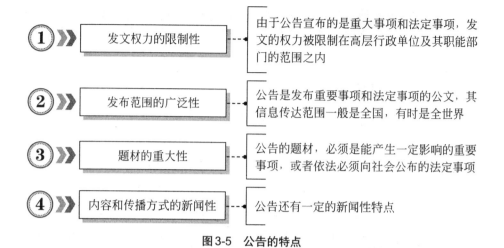

①	发文权力的限制性	由于公告宣布的是重大事项和法定事项，发文的权力被限制在高层行政单位及其职能部门的范围之内
②	发布范围的广泛性	公告是发布重要事项和法定事项的公文，其信息传达范围一般是全国，有时是全世界
③	题材的重大性	公告的题材，必须是能产生一定影响的重要事项，或者依法必须向社会公布的法定事项
④	内容和传播方式的新闻性	公告还有一定的新闻性特点

图 3-5　公告的特点

三、公告的写作格式

公告分标题、正文和落款三部分。

（1）标题。公告的标题有三种形式，如图 3-6 所示。

由发文单位名称、事项、文种组成

由发文单位名称和文种组成

只写出文种"公告"即可

图 3-6　公告标题形式

（2）正文。公告的正文一般包括因由、事项和结语三个内容，如图 3-7 所示。

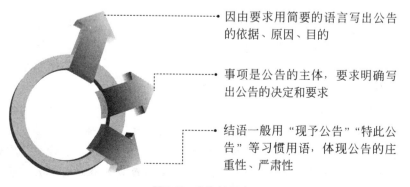

因由要求用简要的语言写出公告的依据、原因、目的

事项是公告的主体，要求明确写出公告的决定和要求

结语一般用"现予公告""特此公告"等习惯用语，体现公告的庄重性、严肃性

图 3-7　公告的正文

（3）落款。公告的落款要求写出发布单位的名称和年、月、日。如果单位名称已在标题中出现，在落款处也可不写，只写年、月、日，或年、月、日写在标题的下方、正文的上方。

四、公告写作的注意事项

撰写公告的注意事项主要有三个，如图3-8所示。

事项一　由于告语面广，撰写时要注意：事理周密无漏洞，条理清楚不啰唆，语言通俗不鄙俚，文风严肃不做作，做到易读易懂易知

事项二　公告所公布的为重要或重大事项，而且常以报刊、广播、电视、张贴等形式公开发表，所以写作时，要直陈其事，一事一告，就实公告；语言要严肃庄重，不发议论，不加说明，更不能抒情

事项三　公告一般不编号，但当某一次会议或某一专门事项需要连续发布几个公告时，则应在标题下单独编号

图3-8　注意事项

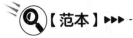

【范本】 ▶▶▶

××商场：关于终止厦门市××商场有限公司存续分立事项的公告

关于终止厦门市××商场有限公司存续分立事项的公告，本公司及董事会全体成员保证公告内容的真实、准确和完整，对公告的虚假记载、误导性陈述或者重大遗漏负连带责任。

××商场股份有限公司（以下简称"公司"）第三届董事会第五十次会议审议通过了《关于公司下属子公司厦门市××商场有限公司存续分立的议案》，同意公司对下属子公司厦门市××商场有限公司（以下简称"厦门××公司"）进行存续分立，将其持有的福建省厦门市思明区××路9号××海景城1～5层部分物业以及对应地下停车位剥离给新设的公司，厦门××公司将继续存续。同时，授权管理层办理本次分立相关手续及签署协议等事项，并根据实际情况决定是否继续实施。具体内容详见《证券时报》和巨潮资讯网刊登的《关于××商场股份有限公司下属子公司厦门市××商场有限公司存续分立的公告》（××-035）。

　　因公司业务调整，公司管理层结合实际业务发展情况综合考虑，决定终止厦门××公司存续分立事项。

　　截至目前，上述分立事项尚未完成工商注册手续，亦未投入资金。该事项的终止不会对公司的日常经营及财务状况产生不利影响，不会损害公司及广大股东的利益。

　　特此公告。

××商场股份有限公司董事会

××年××月××日

 【范本】▶▶▶

商业广场招商公告

　　"××小区"6号楼、7号楼和8号楼商业大厅属于我市重点安置工程项目。"××小区"建筑规模约12万平方米，其中商业建筑面积约1.2万平方米，该项目于××年竣工，小区总人口约5千人。6号楼、7号楼商业大厅东临××路，南临××路，北面××城，建筑面积××平方米，为1、2层纯商业大厅。8号楼商业大厅北临××西路，西临××路，建筑面积××平方米，为1层、2层、3层纯商业大厅。周边商圈林立，交通便利，未来发展潜力巨大。

　　该两处大厅现进行招租，凡有意洽谈租赁运营的公司需提交以下相关文件：公司简介、营业执照复印件加盖公章、企业法人证书、过往业绩证明、投资运营计划和方案等。

　　报名截止日期××年××月××日，竭诚欢迎有合作志向的商家前来联系、洽谈。

　　联系电话：××××××

　　招商地址：××路××大厦三楼

第三节　决定

一、决定的定义

　　决定是对重要事项或重大行动作出决策或安排，并要求单位各部门和下级单位或有关单位贯彻执行的指令性公文。

二、决定的特点

决定主要有两大特点，如图3-9所示。

图3-9　决定的特点

三、决定的种类

根据具体用途和内容的不同，决定一般有以下两类，如图3-10所示。

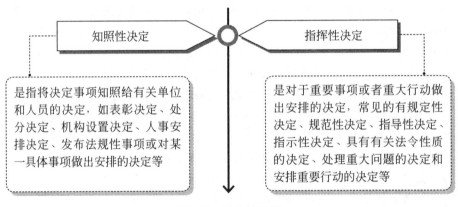

图3-10　决定的种类

四、决定的写作格式

（1）标题。如《××商场超市关于××的决定》。

（2）决定的原因和目的。如目前……（事实依据）。根据……（理论依据），为了……（目的主旨），现决定……（意图主旨）。具体……如下。

（3）决定的内容。对具体事项作出安排的决定要写清安排的步骤。

（4）希望与要求。

（5）加盖公章，注明日期。

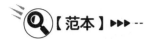
【范本】 ▶▶▶ --

关于命名××年度"平安商场"的决定

×商字〔××〕×号

全市各相关商场：

　　自开展"平安商场"创建活动以来，全市各商场认真贯彻落实县委、县政府《关于进一步深化平安××建设的意见》精神，按照县商务局、县综治办《关于印发××市"平安商场"创建实施方案》文件要求，结合自身实际，深入开展"平安商场"创建活动，较好地推动了各项平安创建措施的落实，涌现出一批工作扎实，成效明显的商场。为表彰先进，树立典型，依据《××市"平安商场"创建量化考核评分细则》，在申报验收的基础上，经研究决定，命名××超市××店、××百大购物中心为××年度"平安商场"。

　　希望获得命名的商场要珍惜荣誉，再接再厉，再创佳绩，充分发挥示范引领作用。全市其他商场要以"平安商场"为榜样，深入开展平安创建活动，狠抓各项平安创建措施落实，积极争创"平安商场"，维护企业平安稳定，为建设"平安××，和谐××，美丽××，幸福××"作出积极的贡献。

××市商务局　××市综治办

××年××月××日

报：市商务局，市综治办

抄：县委办、县人大办、县政府办、县政协办

发：各乡镇（园区）

第四节　函

一、函的定义

　　函，适用于不相隶属单位之间商洽工作、询问和答复问题、请求批准和答复审批事项。

　　函的使用范围极广，使用频率极高，可谓文书中的"轻武器"。具体来说，函的用途主要包括四个方面，如图3-11所示。

图 3-11　函的用途

二、函的特点

函有三个特点，如下。

1.沟通性

函对于不相隶属单位之间相互商洽工作、询问和答复问题，起着沟通作用，充分显示平行文种的功能，这是其他公文所不具备的特点。

2.灵活性

函的灵活性表现在两个方面，如图3-12所示。

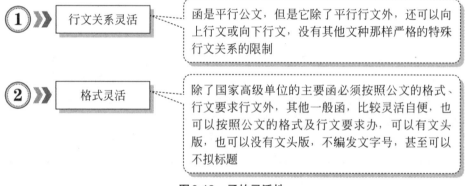

图 3-12　函的灵活性

3.单一性

函的主体内容应该具备单一性的特点，一份函只宜写一件事项。

三、函的种类

函可以从不同角度分类。

1.按性质分

按性质分，可以分为公函和便函两种。公函用于单位与单位间正式的公务活动往来；便函则用于日常事务性工作的处理。便函不属于正式公文，没有公文格式要求，甚至可以不要标题，不用发文字号，只需要在尾部署上单位名称、成文时间并加盖公章即可。

2.按发文目的分

按发文目的分，函可以分为发函和复函两种。发函即主动提出公事事项所发出的函；复函则是为回复对方所发出的函。

3.从内容和用途上分

从内容和用途上，函还可以分为商洽事宜函、通知事宜函、催办事宜函、邀请函、请示答复事宜函、转办函、催办函、报送材料函等。

四、函的写作格式

由于函的类别较多，从制作格式到内容表述均有一定灵活机动性。这里主要介绍规范性公函的结构、内容和写法。

公函由首部、正文和结尾落款三部分组成，其各部分的格式、内容和写法要求如下。

1.首部

主要包括标题、主送单位两个项目内容。

（1）标题。公函的标题一般有两种形式。一种是由发文单位名称、事由和文种构成；另一种是由事由和文种构成。

（2）主送单位。主送单位即受文并办理来函事项的单位，于文首顶格写明全称或者规范化简称，其后用冒号。

2.正文

其结构一般由开头、主体、结尾、结语等部分组成。

（1）开头。主要说明发函的缘由。一般要求概括交代发函的目的、根据、原因等内容，然后用"现将有关问题说明如下"或"现将有关事项函复如下"等过渡语转入下文。复函的缘由部分，一般首先引叙来文的标题、发文字号，然后再交代根据，以说明发文的缘由。

（2）主体。这是函的核心内容部分，主要说明致函事项。函的事项部分内容单一，一函一事，行文要直陈其事。无论是商洽工作、询问和答复问题，还是向有关主管部门请求批准事项等，都要用简洁得体的语言把需要告诉对方的问题、意见叙写清楚。如果属于复函，还要注意答复事项的针对性和明确性。

（3）结尾。一般用礼貌性语言向对方提出希望。或请对方协助解决某一问题，或请对方及时复函，或请对方提出意见，或请主管部门批准等。

（4）结语。通常应根据函询、函告、函商或函复的事项，选择运用不同的结束语。如"特此函询（商）"、"请即复函"、"特此函告"、"特此函复"等。有的函也可以不用结束语，如属便函，可以像普通信件一样，使用"此致"、"敬礼"。

3.结尾落款

一般包括署名和成文时间两项内容。

署名单位的单位名称，写明成文时间年、月、日，并加盖公章。

五、注意问题

函的写作，首先要注意行文简洁明确，用语把握分寸。无论是平行单位或者是不相隶属的行文，都要注意语气平和有礼，不要倚势压人或强人所难，也不必逢迎恭维、曲意客套。至于复函，则要注意行文的针对性，答复的明确性。

其次，函也有时效性的问题，特别是复函更应该迅速、及时。像对待其他公文一样，及时处理函件，以保证公务等活动的正常进行。

函的写法同时要注意以下六点，如图3-13所示。

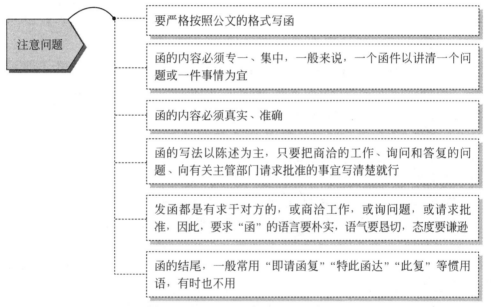

图3-13 注意问题

六、请示VS函

"函"是不相隶属单位之间商洽工作、询问和答复问题、请求批准和答复审批事项的公文。"函"可分为商函、询答函、请批函（请求批准函、审批函）。"函"在公文往来中使用比较广泛，其主要作用有两个方面：一是不相隶属的同系统部门之间询问和答复工作；二是请求平行或不相隶属的职能部门批准有关事项，不能用"请示"或"报告"，应使用"请求批准函"。

在公文撰写中，容易出现"请求批准函"误认为就是"请示"或"报告"文种，在与平行或不相隶属的单位行文时使用"请示"或"报告"，是欠妥的。"请示"与"请求批准函"有严格的区别，主要有以下5点。

一是类型不同。"请示"是上行文；"请求批准函"是平行文。

二是主送单位不同。"请示"的主送单位是具有领导、指导关系的上级；"请求批准函"的主送单位是平行或不相隶属的职能单位。

三是内容范围不同。"请示"是请求批准、指示；"请求批准函"是请求批准某项职能事项。

四是行文语气不同。"请示"的用语应尊敬上级单位；"请求批准函"应互相尊重。

五是办复方式不同。"请示"的事项由上级单位批复下级单位；"请求批准函"的有关批准事项由受文单位复函（审批函）。

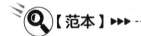 【范本】▶▶▶ --

××商场至商户函

尊敬的各商户：

您好！

××商场自筹建以来，一致得到广大商户的支持与厚爱，在此我代表商场总经理及全体员工对各商户业主表示由衷的感谢。

在此商场为了达到更完整化、现代化和规模化，为了××品牌立足于霍林河郭勒市市场，现将整合员工工装问题进行分析和要求如下。

1.树立××企业形象及各商户形象

企业整体如人一样，有一个形象问题，这些形象可能是高楼大厦，也可能是铺天盖地的广告，但企业形象最能生动和随时随地体现。

2.提高商户及商场凝聚力

人是最活跃的资源，也是唯一会自我调控生产效率的资源。一个商场只有万众一心，才能将商场的人力资源效用发挥得淋漓尽致。因此，要想提高商场及个人效益，优先要提高员工及各商户凝聚力。

当您的员工为自己而骄傲，感到双方面在关心自己的利益的时候，自然而然就会加强对商场及商户的向心力。好的工装能够从一个侧面加强商场及商户自豪感和体现商场及商户对员工利益的关心。

3.创造独特的企业文化

工装在商场形象识别系统（CIS）中虽然属于视觉识别（VI）的范畴，但是服装是穿在人身上，也能反映员工的精神风貌，体现出一种商场的文化内涵，这是其一；其二，设计独特的工装，同时还能体现商场的价值观，比如深色调和保守的职业装能够体现企业的稳健作风，而颜色和款式设计大胆的职业装则能体现商场及商户的创新精神等。见到员工的着装、言行举止，就能够看到商场未来发展的影子。

4.规范员工行为

无论下班时员工在干什么，上班穿上工装，就能使员工马上意识到自己已经进入工作状态，如果商场及商户能够恰如其分地将工装与员工的行为联系起来，穿工装的过程就相当于一次"岗前会"。

（1）职业工装可以创立品牌形象。

（2）职业工装可以增强商户之间的凝聚力。

（3）职业工装可以更好地体现出岗位职责。

（4）职业工装可以给人耳目一新的感觉，让人心情愉快。

（5）职业工装是公司实力的象征也是个体商户的象征。

（6）职业工装有助于公司管理，方便查岗（防串岗）。

（7）职业工装在外代表公司形象，有利于客户记住本公司，能提高销售业绩。

注：全体员工工作时间必须整体着工装，如发现未按规定着装给予相应经济处罚。情形严重者我商场给予停业整顿。

第五节　通报

一、通报的定义

通报是上级把有关的人和事告知下级的公文。通报的运用范围很广，各级单位都可以使用。它的作用是表扬好人好事，批评错误和歪风邪气，通报应引以为戒的恶性事故，传达重要情况以及需要各单位知道的事项。通报是各级机关、企事业单位和团体经常使用的文种。其目的是交流经验、吸取教训，教育干部、职工群众，推动工作的进一步开展。

二、通报的特点

通报主要有三大特点，具体内容如下。

1.告知性

通报的内容，常常是把现实生活当中一些正反面的典型或某些带倾向性的重要问题告诉人们，让人们知晓、了解。

2.教育性

通报的目的，不仅仅是让人们知晓内容，它主要的任务是让人们知晓内容之后，从中接受先进思想的教育，或警戒错误，引起注意，接受教训，这就是通报的教育性。这一目的，不是靠指示和命令方式来达到，而靠的是正、反面典型的带动，真切的希望和感人的号召力量，使人真正从思想上确立正确的认识，知道应该这样做，而不应该那样做。

3.政策性

政策性并不是通报独具的特点，其他公文也同样具有这一特点，可是作为通报，尤其是对表扬性通报和批评性通报来说，在这方面显得特别强一些。因为通报中的决定（即处理意见），直接涉及具体单位、个人，或事情的处理，同时，此后也会牵涉到其他单位、部门效仿执行的问题，决定正确与否，影响颇大。因此，必须讲究政策依据，体现政策。

三、通报的种类

通报主要分为三大类，如图3-14所示。

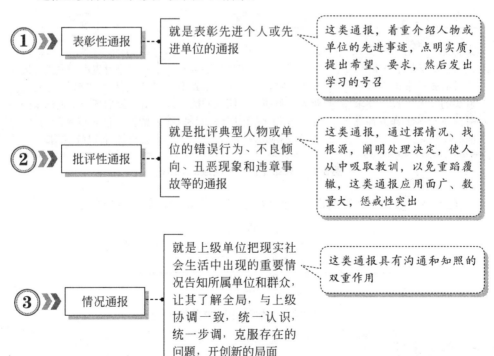

图3-14 通报的种类

四、通报的写作格式

1. 标题

通报的标题由制发单位、被表彰或被批评的对象和文种构成。

通常有两种构成形式，如图3-15所示。

图3-15　通报标题的构成

此外，有少数通报的标题是在文种前冠以单位名称，也有的通报标题只有文种名称。

2. 主送单位

有的通报特指某一范围内，可以不标注主送单位。

3. 正文

（1）表彰（批评）通报。表彰（批评）通报正文结构有三部分，具体如图3-16所示。

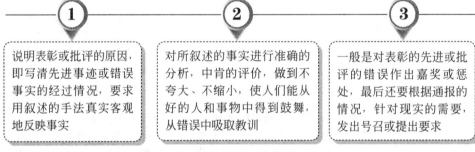

图3-16　表彰（批评）通报正文结构

（2）情况通报。情况通报正文结构一般有两个部分，如图3-17所示。

图3-17　情况通报正文结构

五、注意事项

通报有4个注意事项，如图3-18所示。

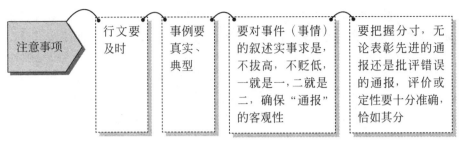

图3-18 注意事项

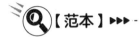【范本】▶▶▶ --

××市大型商场超市××年第一次公开评价检查情况通报

各县（市）区食品药品监督管理局、高新区市场监管局：

为全面贯彻《食品安全法》，监督大型商场超市落实法定义务，市食品药品监督管理局于××年6月开展了大型商场超市公开评价检查工作。现将大型商场超市××年第一次公开评价检查的情况通报如下。

一、总体情况

大型商场超市公开评价检查是以《食品安全法》和食品药品监督管理总局《食品生产经营日常监督检查管理办法》为依据，针对食品流通环节消费主渠道大型商场超市为对象，以严谨的执法检查、科学的综合评价、公开的社会监督为手段，以促进经营者自律为目的，创新性的提出的科学、严格的监督管理措施，其工作核心是"预防为主、风险管理、全程控制、社会共治"。

自××年6月1日，市局按照"随机确定检查人员、随机确定评价单位"和"统一检查内容、统一检查标准、统一评价周期、统一抽检品种"的"双随机、四统一"原则，对全市9家参加公开评价检查的企业进行了食品质量、自律管理和诚信经营三个方面，质量抽样检验、标识抽检、现场检查、进货检查验收、食品安全管理制度、自查制度建立及落实、虚假宣传、消费侵权等八项内容的专项检查。检查组依据总局《食品生产经营日常监督检查要点表》，对超市内食品销售和制售行为进行监督检查，对检查中发现的问题项目——记录进《食品生产经营日常监督检查结果记录表》，并参照公开评价检查表解释，对《公开评价检查表》中的现场检查内容计分。此次评价检查适当增加了加分鼓励项目，包括开展建立良好行为规范、实施危害分析与关键控制点体系工作等。

评价活动共分四个阶段完成。第一阶段，市局从每县（市）区各抽调一名省级食品安全检查员，与市局省级食品安全检查员共同分成两组，随机从9大品牌商场超市中各抽取一个门店，利用3天时间开展现场检查。第二阶段，6

月6日，市局组织对此次检查的门店中的8家（××市××商业有限公司未依法配备食品安全管理员）9位食品安全管理员进行了食品安全管理能力监督抽查考核。考核结束后，进行了当场打分和分数公布。第三阶段，市局以函的方式向大众网舆情中心和市局12331投诉举报中心查询各门店食品安全方面有关媒体报道和投诉记录，记入诚信经营分数。第四阶段，开展大型商场超市公开评价活动专项监督抽样检测工作，在9家品牌相关门店各抽取24个批次（其中预包装食品、散裸装食品、食用农产品和制售食品各6个批次），合计抽检216批次，依据检测结果计算得分情况，记入质量抽样检验项目。

二、各品牌连锁超市此次公开评价检查情况

1. A品牌

此次公开评价门店为"××市A商业有限公司"，得分为37分。主要问题如下。

（1）经营条件。散装熟食销售场所无防蝇防尘设施。

（2）食品标签等外观质量状况。某品牌八宝粥生产日期极不清晰，散装食品标识不符合规定，部分品种无产地，进口预包装食品无法提供入境货物检验检疫证明。

（3）食品安全管理机构和人员。未依法设置食品安全管理人员、食品安全技术人员，未制定保证食品安全的规章制度。

（4）从业人员管理。在岗从事接触直接入口食品工作的食品经营人员健康证明公示信息不全。

（5）经营过程控制情况。部分应冷藏保存的酸奶、烤鸡等未按要求储存，未建立食品安全自查制度，未建立食品安全事故处置制度和记录，无法提供采购食品供货者许可证和相关合格证明文件，未建立和执行食用农产品进货查验记录制度，未建立并执行不安全食品处置制度。

（6）食品制售行为。无餐具、食品容器消毒记录。

因未依法配备食品安全管理员，未参加监督抽查考核。

2. B品牌

此次公开评价检查门店为"B百货有限公司××路分店"，得分为72分。主要问题如下。

（1）经营资质。无制售许可从事制售。

（2）经营条件。熟食加工间下水道孔径过大。

（3）食品标签等外观质量状况。羊肉现场不能提供相关证明文件，散装面点外包装未标注生产日期，部分进口食品无法提供相关证明文件。

（4）从业人员管理。无培训考核材料。

（5）经营过程控制情况。部分蛋糕未按要求冷藏保存，部分预包装食品

（某品牌蜂蜜、胡萝卜面、婴幼儿配方乳粉）无法提供合格证明文件，部分进口食用农产品（青果）缺少进货查验记录。

食品安全管理员监督抽查考核得59分。

3. C品牌

此次公开评价检查门店为"C综合超市股份有限公司××第二分公司"，得分为71分。主要问题如下。

（1）经营资质。无制售许可从事制售。

（2）经营条件。凉皮制作未设置专间且现场不整洁。

（3）食品标签等外观质量状况。食用农产品标签信息不全（无产地信息），散装食品无三防设施或破损或未正常使用。

（4）经营过程控制情况。豆腐、生鲜肉未按温度要求储存。

（5）食品制售行为。未严格执行食品加工储存、设备清洁要求，无餐具、食品容器消毒记录。

食品安全管理员监督抽查考核得73.5分。

4. D品牌

此次公开评价检查门店为"山东D生活超市有限公司"，得分为87分。主要问题如下。

（1）从业人员管理。无近期培训记录。

（2）经营过程控制情况。部分冷藏温度未达到要求。

食品安全管理员监督抽查考核得79分。

5. E品牌

此次公开评价检查门店为"E商业有限公司××超市"，得分为78分。主要问题如下。

（1）经营条件。制售食品加工间不整洁，垃圾箱无盖，清洁工具乱放，凉菜无专间、冷藏柜无温度显示。

（2）食品标签等外观质量状况。某品牌手工原味饼无厂名厂址，部分散装食品公示信息不齐全，现场分装香油包装加贴生产日期。

（3）经营过程控制情况。波尼亚专柜温度高于4℃（显示6℃）。

（4）食品制售行为。进货未查验批次检验合格证明，加工区域、加工工具不清洁。

2名食品安全管理员监督抽查考核分别得65分和74.5分。

6. F品牌

此次公开评价检查门店为"E置业有限公司××街购物中心"，得分为80分。主要问题如下。

（1）经营资质。无制售许可从事制售。

（2）经营条件。生食类食品销售区域三防设施不完善。

（3）食品标签等外观质量状况。散装粽子、丸子未标示生产日期。

（4）经营过程控制。食品添加剂未设专区存放，冷藏柜温度标示不符合要求，其中一台显示8℃，小黄瓜、芹菜无产地和联系方式公示。

（5）食品制售行为。面包加工间原材料未执行离地离墙要求，盛放直接入口食品容器消毒记录不全。

食品安全管理员监督抽查考核得79分。

7. G品牌

此次公开评价检查门店为"××市G超市有限公司××店"，得分为78分。主要问题如下。

（1）食品标签等外观质量状况。某品牌预包装麻花无生产许可证等信息，某品牌面包、花卷未公示生产经营者的名称、地址、联系方式，某自制熟食（大煎饼、馒头、桃酥）仅公示包装日期，无生产日期。

（2）经营过程控制情况。冷冻柜温度高于-18℃，食用农产品进货记录无供货者地址、联系方式。

（3）食品制售行为。食品召回制度未按照食品安全法要求更新，蛋糕加工间地面有污水，托盘有污渍，原材料储存柜温度高于-18℃（-12℃）。

食品安全管理员监督抽查考核得46分。

8. H品牌

此次公开评价检查门店为"××市H商业有限公司"，得分为80分。主要问题如下。

（1）经营资质。无制售许可从事制售。

（2）经营条件。包子的包装材料（玉朱叶）没有合格证明材料和生产资质，馒头、黄金糕的外包装未标示生产日期和保质期。

（3）经营过程控制情况。仓库摆放混乱，散装鸡蛋与面粉一起存放，易污染，1个预包装羊肉无出厂检验报告，部分食用农产品未公示产地和联系方式。

（4）食品制售行为。盛放直接入口食品的容器消毒记录不完善。

食品安全管理员监督抽查考核得83分。

9. I品牌

此次公开评价检查门店为"××市I超市有限公司××店"，得分为72分。主要问题如下。

（1）经营条件。某品牌低温乳制品无相应低温经营设备或设施，经营场所内有蟑螂，生鲜肉与水产品未分区，易造成交叉污染，下水道箅子、瓷砖破损严重。

（2）食品标签等外观质量状况。刀鱼内脏破裂外露腐烂，某品牌铁观音包装标签内容与货架标签内容不一致。

（3）某品牌红枣味酸奶未按标签说明温度储存，库存食品和破损、退换食品混放，易造成交叉污染，未建立本企业不安全食品处置制度。

食品安全管理员监督抽查考核得0分，替考人员得87分。

三、工作要求

请各区县局立即对照开展监督检查和自查，整改公开评价检查中发现的问题，并于7月25日前将整改情况书面上报市局食品流通监管处。

××市食品药品监督管理局

××年7月13日

第六节　批复

一、批复的定义

批复，是指"答复下级单位的请示事项"时使用的文种。它是单位应用写作活动中的一种常用公务文书。

二、批复的特点

批复主要有四大特点，如图3-19所示。

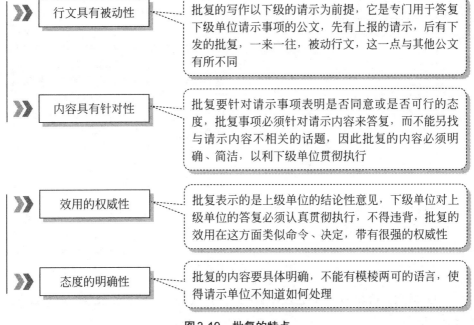

行文具有被动性	批复的写作以下级的请示为前提，它是专门用于答复下级单位请示事项的公文，先有上报的请示，后有下发的批复，一来一往，被动行文，这一点与其他公文有所不同
内容具有针对性	批复要针对请示事项表明是否同意或是否可行的态度，批复事项必须针对请示内容来答复，而不能另找与请示内容不相关的话题，因此批复的内容必须明确、简洁，以利下级单位贯彻执行
效用的权威性	批复表示的是上级单位的结论性意见，下级单位对上级单位的答复必须认真贯彻执行，不得违背，批复的效用在这方面类似命令、决定，带有很强的权威性
态度的明确性	批复的内容要具体明确，不能有模棱两可的语言，使得请示单位不知道如何处理

图3-19　批复的特点

三、批复的种类

根据批复的内容和性质不同，可以分为审批事项批复、审批法规批复和阐述政策的批复三种。

四、批复的写作格式

批复一般由标题、主送单位、正文和落款构成。

（1）标题。标题的写法最常见的是完全式的标题，即由发文单位、事由和文种构成。在事由中一般将下级单位及请示的事由和问题写进去；还有一种完全式的标题是"发文单位+表态词+请示事项+文种"，这种较为简明、全面和常用。

（2）主送单位。主送单位一般只有一个，是报送请示的下级单位。其位置同一般行政公文，写于标题之下，正文之前，左起顶格。批复不能越级行文，当所请示的单位不能答复下级单位的问题而需要向更上一级单位转报"请示"时，更上一级单位所作批复的主单位不应是原请示单位，而是"转报单位"。如果批复的内容同时涉及其他的单位，则要采用抄送的形式送达。

（3）正文。正文包括批复引语、批复意见和批复要求三部分，如图3-20所示。

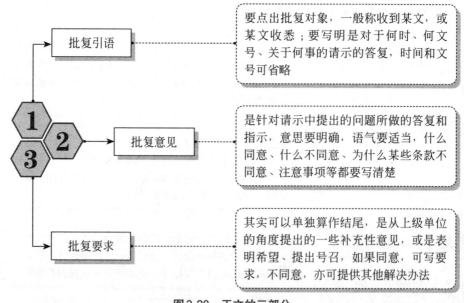

图3-20　正文的三部分

（4）落款。落款写在批复正文右下方，署成文日期并加盖公章，成文日期用阿拉伯数字。

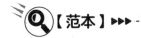**【范本】**▶▶▶ --

关于国际分类第35类是否包括商场、超市服务问题的批复

商标申字〔××〕第××号

××省工商行政管理局：

你局××年××月××日《关于服务国际分类第35类服务项目是否包括商场、超市服务的请示》(××工商办〔××〕××号)收悉。经研究，现批复如下。

商场、超市属于销售商品的企业，其主要活动是批发、零售。《商标注册用商品和服务国际分类》第35类的注释明确说明，该类别服务的主要目的在于"对商业企业的经营或管理进行帮助"，或者"对工商企业的业务活动或者商业职能的管理进行帮助"，且"尤其不包括：其主要职能是销售商品的企业，即商业企业的活动"。因此，《商标注册用商品和服务国际分类》第35类的服务项目不包括"商品的批发、零售"，商场、超市的服务不属于该类的内容。该类"推销（替他人）"服务的内容是：为他人销售商品（服务）提供建议、策划、宣传、咨询等服务。

××年××月××日

抄送：各省、自治区、直辖市、计划单列市、副省级城市工商行政管理局

第七节 请示

一、请示的定义

请示，是指下级单位向上级单位请求对某项工作、问题作出指示，对某项政策界限给予明确，对某事予以审核批准时使用的一种请求性公文，是应用写作实践中的一种常用文体。请示可分为解决某种问题的请示，和请求批准某种事项的请示。

请示必须具备以下三个条件，如图3-21所示。

图3-21　请示必备条件

二、请示的特点

请示具有以下特点，如图3-22所示。

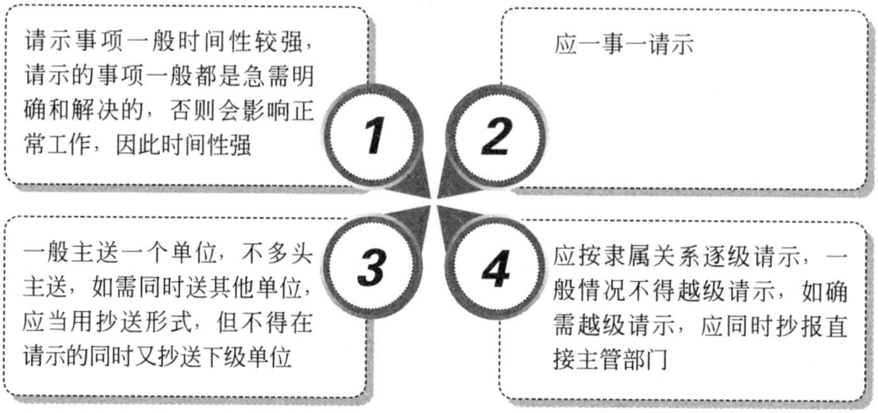

请示事项一般时间性较强，请示的事项一般都是急需明确和解决的，否则会影响正常工作，因此时间性强

1

2

应一事一请示

一般主送一个单位，不多头主送，如需同时送其他单位，应当用抄送形式，但不得在请示的同时又抄送下级单位

3

4

应按隶属关系逐级请示，一般情况不得越级请示，如确需越级请示，应同时抄报直接主管部门

图3-22　请示的特点

三、请示的种类

根据请示的不同内容和写作意图分为三类，具体内容如下。

1.请求指示的请示

此类请示一般是政策性请示，是下级单位需要上级单位对原有政策规定作出明确解释，对变通处理的问题作出审查认定，对如何处理突发事件或新情况、新问题作出明确指示等请示。

2.请求批准的请示

此类请示是下级单位针对某些具体事宜向上级单位请求批准的请示，主要目的是为了解决某些实际困难和具体问题。

3.请求批转的请示

下级单位就某一涉及面广的事项提出处理意见和办法，需各有关方面协同办理，但按规定又不能指令平级单位或不相隶属部门办理，需上级单位审定后批转执行，这样的请示就属此类。

四、请示的写作格式

请示由首部、正文和落款三部分组成，其各部分的格式、内容和写法要求如下。

1.首部

主要包括标题和主送单位两个项目内容。

（1）标题。请示的标题一般有两种构成形式：一种是由发文单位名称、事由和文种构成，如《××商场超市关于××的请示》；另一种是由事由和文种构成，如《关于××的请示》。

（2）主送单位。请示的主送单位是指负责受理和答复该文件的单位。每件请示只能写一个主送单位，不能多头请示。

2.正文

其结构一般由开头、主体和结语等部分组成。

（1）开头。主要交代请示的缘由，它是请示事项能否成立的前提条件，也是上级单位批复的根据。原因讲的客观、具体，理由讲的合理、充分，上级单位才好及时决断，予以有针对性的批复。

（2）主体。主要说明请求事项，它是向上级单位提出的具体请求，也是陈述缘由的目的所在。这部分内容要单一，只宜请求一件事。另外请示事项要写的具体、明确、条项清楚，以便上级单位给予明确批复。

（3）结语。应另起段，习惯用语一般有"当否，请批示""妥否，请批复""以上请示，请予审批"或"以上请示如无不妥，请批转各地区、各部门研究执行"等。

3.落款

一般包括署名和成文时间两个项目内容。标题写明发文单位的，这里可不再署名，但需加盖单位公章，成文时间××年××月××日。

五、请示与报告的区别

"请示"和"报告"都是上行文，是行政单位公文使用频率较高且容易混淆的文种。常见的问题主要有：将"请示"文种用"报告"文种呈送上级单位，请求上级单位批复（答复），这样就容易贻误工作。因此，在撰写"请示"和"报告"时，要特别注意二者之间八个方面的区别。

一是作用不同。"请示"是向上级单位请求指示、批准；"报告"是向上级单位汇报工作，反映情况，提出意见和建议，答复上级讯问，报送文件、物品等。

二是内容不同。"请示"是本单位无力无权解决或按规定须上级批准之后才能实施的事项；"报告"是本单位职责范围内比较重大的工作或向上级单位建议，须上级单位知道的事项。

三是容量不同。"请示"应一文一事；"报告"可多事一报，但不得夹带请示的事项。

四是时间不同。"请示"应事前行文；"报告"可在事前、事中、事后行文。

五是范围不同。"请示"一般只主送一个上级单位，不得多头主送或越级主送；"报告"可以主送几个相关的上级单位，其他上级单位也可以抄送。

六是处理不同。上级单位收到下级的请示后，应及时批准、批复（答复），是办理件，下级应在收到上级批复（答复）后才能实施；上级单位收到下级的报告后，主要是了解情况，可以不答复，下级不用等待上级答复。

七是篇幅不同。"请示"的篇幅比较短，一般不超过1500字；"报告"的篇幅相对较长，但一般不超过3000字。

八是结束语不同。"请示"在结束时用"特此请示"、"特此请示，请批示"、"请审示"等；"报告"用"专此报告"、"特此报告"。

 【范本】 ▶▶▶ --

关于新建××便民超市项目立项的请示

县发展和改革委员会：

　　××现有街道十二条，常住人口近4000人，市场活跃，经济发展迅速，社会和谐稳定，集镇化水平逐步提高。现结合××经济发展实际，进一步方便和服务群众，繁荣农村市场，加快新农村建设步伐，经过招商引资，拟在××乡××村部原址新建一家便民超市，以提高广大群众生活消费水平，项目建成后，可安排40名农村劳动力就业，有利于进一步提高当地商品的流通水平，增加财税收入。项目内容如下。

（1）项目名称：××乡便民超市项目。

（2）建设规模及内容：超市综合楼一座三层，建筑面积××平方米，钢筋混凝土结构。

（3）项目总投资及资金来源：计划总投资××万元，均为××食品商贸有限公司自筹。

（4）建设地址：××乡集镇村部原址（××公路××首集中段）。

现恳请县发展和改革委员会予以立项！

××乡人民政府

××年××月××日

第八节　总结

一、总结的定义

总结是对过去一定时期的工作、学习或思想情况进行回顾、分析，并做出客观评价的书面材料。按内容分，有学习总结、工作总结、思想总结等，按时间分，有年度总结、季度总结、月份总结等。

二、总结的特点

总结主要有两个特点，如图3-23所示。

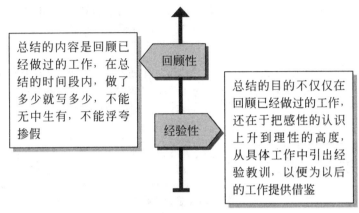

图3-23　总结的特点

三、总结的种类

从性质、时间、形式等角度可划分出不同类型的总结。

（1）从性质分，主要有综合总结和专题总结两种。综合总结又称全面总结，它是对某一时期各项工作的全面回顾和检查，进而总结经验与教训。专题总结是对某项工作或某方面问题进行专项的总结，尤以总结推广成功经验为多见。总结也有各种别称，如自查性质的评估及汇报、回顾、小结等都具总结的性质。

（2）根据内容的不同，可以把总结分为工作总结、生产总结、学习总结、教学总结、会议总结等。

（3）根据范围的不同，可以分为全国性总结、地区性总结、部门性总结、本单位总结、班组总结等。

（4）根据时间的不同，可以分为月总结、季总结、年度总结、阶段性总结等。

（5）从内容和性质的不同，可以分为全面总结和专题总结两类。

四、总结的写作格式

总结没有固定的形式，常见的格式由标题、正文和落款三部分组成。

1.标题

总结的标题有下列3种构成方式，如图3-24所示。

2.正文

（1）前言。正文的前言部分写作主要有4个要点，如图3-25所示。

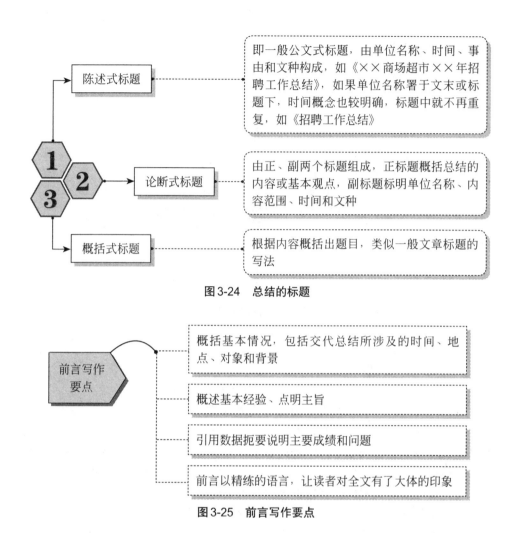

图 3-24　总结的标题

图 3-25　前言写作要点

（2）主体。总结的主体包括如下内容。

——主要成绩和收获。成绩和收获是指在实践活动中所取得的物质成果和精神成果。这个内容在不同的总结中有不同的写法。

第一，若是写综合性工作总结则在前言中概括成绩和收获，在主体中详细地、具体地归纳成绩和收获的几个方面。

第二，若是写专题性经验总结，则除在前言部分扼要点明成绩和收获外，其他具体的成绩收获常常在下面写的"经验体会"中，作为各论题的例证之用，不必在此专门写"主要成绩和收获"。

——主要经验体会。经验是指取得优良成绩的原因、条件以及具体做法，体会则是经验的升华、理论的认识。这部分是总结的重心，应下功夫分析、研究、提炼、概括，对是非得失、成败利弊做出科学的判断，找出规律性的认识，上升为精辟的理论概括。若是写经验性总结，则应根据推广经验的需要而使侧重点不同，有的重点阐明工作的成效，有的重点阐明做法的先进，有的重点阐明体会的深刻、认识的提高。

——存在问题和教训。查找工作实践中应当解决而未解决的问题，分析造成问题的原因，从思想方法、工作方法或者是其他主客观原因等方面去查找，从而总结出造成失误的教训。

（3）结束语。结束语一般写两层意思，如图3-26所示。

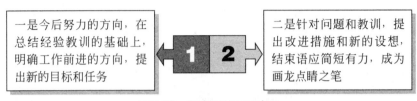

一是今后努力的方向，在总结经验教训的基础上，明确工作前进的方向，提出新的目标和任务

1 **2**

二是针对问题和教训，提出改进措施和新的设想，结束语应简短有力，成为画龙点睛之笔

图3-26　结束语的两层意思

3.落款

落款包括署名和日期。

单位署名，一般在标题中和标题下，也有的随另文发送，总结上不署名。

个人署名一般都在正文的右下方。

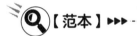【范本】▶▶▶ --

××年××超市店长工作总结

充满机遇与挑战的××年已经过去，回首往事，××年通过上级领导的帮助和指导，加上全体员工的合作与努力，在汗水和智慧的投入中，各方面得以新的发展。

盘点××，有得有失，有关于公司竞争战略上的问题；关于以顾客服务为导向方面的问题；关于企业品牌价值认可的问题；关于顾客忠诚度管理方面的问题；有居安思危、进军零售速度、整合零售营销传播方面的问题；有岌岌可危的人力资源管理方面的问题，我经历了从无到有、从小到大的过程。可随着经济的发展和形势的变化，零售市场到处生根发芽，面对这种局面，我深知要完成角色转换，必须抓紧学习，从实际出发，加强调查研究，探求解决错综复杂问题的途径。对于××年的工作进行反思和总结如下。

一、盘点××年的工作

（1）加强××超市的人力资源、商品缺断货追踪、商场财物管理。

（2）完成对××超市的全面整改工作，配合总部做好整改前的商品盘点工作、员工思想工作、财物清查工作；整改中的财物交接工作、商品退货内拨工作、人员加班安排等；整改后的各项交接工作。

（3）对超市竞争店的调研及附近消费情况的评估，在尽量做到差异化经营的情况下，避免商品同质化条件的价格竞争，对超市滞销商品进行清退，缩短商品线长度，及新型商品品种的引进等。

（4）积极组织公司干部和员工进行学习和考核。

二、存在的问题

超市在公司领导下，全年合计销售×××元人民币，全年平均每天客单价×××元人民币，平均每天来客数××位，超市业绩的影响主要来自于以下7个方面。

1.大环境

受各种因素影响，如经济形势、其他超市的发展等，客单价、来客数相对减少，特别是在商品同质化的条件下，同种商品的价格往往高于竞争店，一线商品更为严重，购买力严重不足，因××店的主要消费层次为中老年人群，顾客往往在购买时都货比三家、精挑细选，对于高单价商品的需求相对减少。

2.促销

场外促销活动全无，在商品没有竞争力的同时，应加大对乡村店的场外促销活动，特别是每月上、下旬，这对于提高商场来客数、客单价可起较大的推动作用，起到立竿见影的效果。大型促销活动每次都是一味地特价促销，老生常谈，缺乏预见性和可行性，有的甚至只是形式化，如国庆、圣诞、元旦等重大节日促销都没有达到一定的效果，对于日益竞争激烈的零售业没有起到攻城略地的效果。

3.畅销商品缺货与新品引进速度慢

11月至元月是食品销售旺季，顾客需求量大，而畅销商品、特价促销商品经常出现断档，有的畅销商品甚至断档一到两个星期，畅销品牌到货速度慢、周转率低，严重影响超市业绩。新品引进速度较慢，开发新品力度有限，旧品淘汰率低，违背了"××超市商品都是新的"这一经营理念。

4.商品质量问题和顾客投诉高

一旦商品发生质量问题，维修期内又不能按时完成保修，就会导致顾客怨声载道，一方面只能更换新品给顾客，另一方面商场还要承担商品死货的责任，严重影响××超市业绩及对外信誉度。顾客因商品质量引起的投诉和抱怨普遍，如小家电商品因质量问题维修时间过长引起的投诉较为严重，大大影响了顾客购买的回头率。

5.人员流失率过高

员工入职一到两月或者半年时间对其负责的业务知识相对熟悉后出现辞职

或自动离职，对商场的损失较大，一支稳定、高效的团队是商场参与竞争的根基。由于公司改革和薪酬体系的原因，员工流失比较严重。同时主管及员工的沟通、指导以及专管员干部的考核力度不够，员工的纪律观念强化有待升级。

6.超市在防损、防盗上把关不严格

员工对公司的理念认识较为模糊，防盗意识较弱，专管员干部工作没有一定的计划性和工作目标，对商品的季节性管理不强，对商品及促销商品的库存观念全无，量感陈列不能实现，怕库存引起的退货难。

7.超市目标不够明确

目标不明确，导致员工工作的积极性不高，员工在经管理念未树立起一定的目的，商场的各项培训工作未贯彻到实际工作中去，认知率较低，特别是一些服务理念只落实在口头上，与实际操作行动程度上还有较大的差距，惰性化的工作态度较为严重，特别是收银员的岗位技能不能完全按标准完成，三唱服务时有时无，不能体现到长期工作的行动中去。

三、个人问题

1.沟通不够

本人对于超市管理理论钻研不够，不能将公司所有理念传达给全体员工，对下面管理干部和员工的培养不够，零售竞争形式变化莫测，再也不是单兵作战的年代。

2.创新能力较差

超市的发展需要创新，特别是营销方式需要创新，但由于顾虑到调整带来对商场业绩的影响，求稳怕乱的心理不能克服，以至于创新的路子迈得不大。

3.细节管理不够

超市需要细节管理，我过于相信人性化管理，相信全体干部的自我约束，工作不全面、不细致，计划性不强、监督不力导致很多细节执行不到位。在新的一年中，希望公司能够相信我，做到公司的管理靠的是制度而不是人情。

四、改进措施

针对以上问题，明年主要完善以下工作。

1.提升专业技能

不断学习和总结，严格要求自己，做到正人先正己，提高自己的工作效率，以强化服务质量、提升总体业绩为己任，以树立良好形象为牵引，在坚持行为影响、示范引路的前提下激发全体员工工作热情，加强对值班长、管理员制度的落实与执行，强化现场管理力度，处理好顾客的投诉与抱怨，把握好顾客的退换货制度，尽量让顾客高兴而来、满意而归。

2.商品管理

坚持对商品缺断货的追踪，努力提升商品陈列艺术。认真分析商品结构及市场需求，及时调整商品结构并合理控制库存，避免积压资金。同时做好竞争分析，与竞争对手形成差异优势，对商品提出"重宽度、轻深度，重连锁、轻汰换"的竞争原则，使商品在完善消费市场的同时，进一步形成××超市连锁优势。

3.防损

大力规范防损员运作流程及制度，加强全员防损理念。

4.员工管理

努力提升全体员工士气，用多种方式激励员工。强化领导班子对优秀员工的培养和指导、考核，以及对专管员干部的考核力度，配合采购部加强对商品的各项管理及断缺货的追踪。认真落实卖场环境、卫生，让员工养成良好的卫生习惯。积极配合公司开展各项现场管理、节日促销活动，提升商场业绩。

5.服务管理

加强员工服务意识培训，把服务看成企业文化的外在表现和综合竞争力的体现。我和我的同事们将不断努力，向着这个目标一步步迈进，完善服务体系，全程跟踪服务，全面进行客户渗透。

总之，我会系统地学习超市专业知识，加强沟通，做好顾客消费分析，做好人员的培训，达成全年销售目标的同时，带出一支具有竞争力的超市管理团队。

衷心感谢各位领导一年来对我工作的支持、监督、指导及对我个人的帮助。我将认真地总结经验，发扬成绩，克服不足，以百倍的信心，饱满的工作热情，与公司和全体干部员工一起，勤奋工作，顽强拼搏，为××超市发展和振兴做出应有的贡献！

第九节　通知

一、通知的定义

通知，是运用广泛的知照性公文，用来发布法规、规章，转发上级机关、同级机关和不相隶属机关的公文，批转下级机关的公文，要求下级机关办理某项事务等。

二、通知的种类

根据适用范围的不同，可以分为六大类，如图3-27所示。

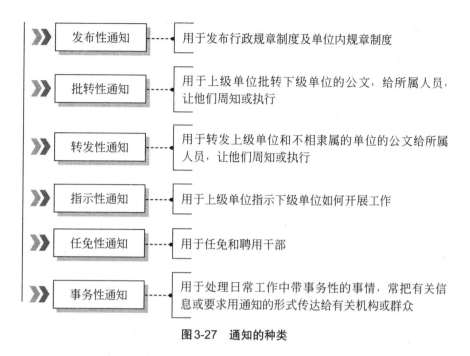

图 3-27 通知的种类

三、通知的写作格式

通知写作格式见表 3-1。

表 3-1 通知写作格式

项目	基本要求
标题	通知，可标明主题
称呼	填写通知要发放到的人员如"尊敬的各位商户："
正文	（1）原因 （2）具体起止时间 （3）注意事项 （4）联系电话
落款	商场超市管理处盖章、日期

 【范本】▶▶▶ --

关于开展大型商场和超市安全生产检查的通知

为切实抓好大型商场和超市安全生产工作，深化"打非治违"，夯实安全基础，有效防患安全事故发生，我局决定开展对全市大型商场和超市安全生产大检查活动。现将有关事项通知如下。

一、检查范围和内容

（1）安全制度的建立与落实。

（2）安全消防设施的建设和配备。

（3）应急预案的制定。

（4）监控设备的安装。

（5）自动扶递的监管。

（6）贵重商品柜台玻璃的防砸和防爆性能。

（7）安全出口通道的设施。

二、检查组人员安排

成立××县商务局安全生产检查领导小组，局长××任组长，副局长××、××任副组长，××、××为组员，领导小组办公室设县商务局综合办公室。

三、工作要求

（1）全市各大型商场和超市接到通知后，要迅速开展自查自纠，做到全面覆盖、不留死角。通过自查整改完善和落实安全生产各项制度。

（2）全市所有大型商场和超市必须自觉接受安全生产检查领导小组的工作检查，主动提供相关资料，积极落实检查组提出的整改意见建议。

（3）全市大型商场和超市要进一步提高安全意识，确保安全投入，健全安全管理机构并配备相关人员，并加强对上岗工作人员安全工作能力培训，确保安全生产条件不断改善，杜绝有法不依、有章不徇、责任不到位的现象。

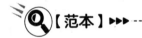【范本】▶▶▶

商场开业促销活动通知

尊敬的商户：

您好！

在您的大力配合下，整装待发的××家装一期将于××年××月××日正式开业。为庆祝这个激动人心的时刻，我公司特举办大型开业促销活动。具体内容如下。

一、××家装盛装开业、优惠品牌商品大联播

请您如期完成以下工作。

（1）在××家装开业期间，您的店面将同步推出的特价、折扣、赠品等

活动的内容和图片发给我们，以便我们为您在各种媒体上及时宣传和进现场海报书写工作，更好地达到促销效果。

（2）您的店面开业推出的各种特价、折扣、赠品等活动的用品、用具的准备工作。

（3）请您确认您标出的各种特价、折扣等促销内容均为最大幅度的明码实价，不能在此基础上再预留讨价还价的空间。

二、××家装统一举办的购物幸运大抽奖

1.活动有效时间

××年××月××日9:00～××日16:00。

2.活动内容

凡于活动期间，在××家装当日现金购物金额500元（含）以上，即可从您的店面领取一张抽奖券，参加"幸运大抽奖"活动一次；购物金额2000元以上可领取抽奖券两张，以此类推。

3.活动说明

（1）顾客凭抽奖券参加"幸运大抽奖"活动，一张抽奖券可转动转盘一次，根据指针所指示的奖项，可获得相应的赠券或纪念品一份。

（2）凡获得三等奖以上的顾客将同时取得参加二次开奖角逐特等奖的资格，特等奖为价值5000元的十足抵用赠券。

（3）开奖时间。××年××月××日，16:00。

（4）开奖地点：待定。

（5）特等奖数量。××家装将分别于××年××月××日送出2个、××月××日送出3个、××月××日送出3个5000元赠券的大奖。

4.幸运大抽奖的奖项设置

特等奖：5000元赠券，在一、二、三等奖中二次开奖产生。

一等奖：500元赠券，同时可参加二次开奖角逐特等奖。

二等奖：200元赠券，同时可参加二次开奖角逐特等奖。

三等奖：100元赠券，同时可参加二次开奖角逐特等奖。

四等奖：价值10元的雨伞一把，即中即兑，不参加二次开奖。

纪念奖：价值5元的精美礼品一件，即中即兑，不参加二次开奖。

5.特等奖开奖方式

顾客按照《二次开奖通知》中要求的时间准时到达开奖地点后，将领到号码相同、一式两份的抽奖票。顾客沿虚线把抽奖票撕开后，手持一份，把另一份放进抽奖箱。当开奖时间已到，由商户代表或顾客代表在抽奖箱中抽出当日约定数量的特等奖，顾客对照手中抽奖票和当日中奖号码，如相同则为获得特等奖，即可在现场负责人的带领下到指定服务台领取5000元赠券的特等奖。

公证员现场全程进行公证。

以上活动相关内容，望周知。

三、促销活动中商户的注意事项

1.关于抽奖券的给付

（1）顾客在您的店面内现金购物，达到以下标准时，您必须向其提供对应数量的抽奖券参加抽奖活动，抽奖券的发放标准如下。

凡购物在500～1999元之间，可领取抽奖券一张。

凡购物在2000～2999元之间，可领取抽奖券二张。

凡购物在3000～3999元之间，可领取抽奖券三张。

以此类推。

（2）当顾客持赠券购物时，赠券部分将不再重复获得抽奖券，您只需计算现金部分即可。

2.关于抽奖券的领取与退还

抽奖券由××家装统一印制；由××商业财务部负责发放。

（1）在××年××月××～××日，您可以到××商业财务部领取抽奖券，领取数量为50～100张。

（2）如第一次领取数量不够，您可再次进行领取，后续领取抽奖券的时间及数量不限。

（3）如您领取的抽奖券在活动期间未全部用完，您可在活动结束后的5个工作日内，即××年××月××日～××日，到财务部办理退还手续，我们将在收回您未使用的抽奖券的同时，退回您的全额税金。超过××年××月××日的，财务部将不予退还。

（4）如顾客在购物当时未领取抽奖券，只要可以确定购买的真实性，在整个活动期间都可以到您的店面领取抽奖券。活动结束后，您不可为顾客发放抽奖券。

3.关于赠券的收取和兑换

（1）您收取顾客的十足抵用赠券可以在活动结束后，到××商业财务部按照1∶1的比例全额兑换现金。

（2）顾客使用的十足抵用赠券上都盖有有效使用日期的章，本档活动的赠券有效期是××年××月××日。请在有效期内接受赠券，超过有效期拒绝接受。

（3）因财务核算的需要，××商业财务部接受您兑换赠券的时间是××年××月××日～××日，请记住这个时间，并一定在此期间兑换赠券。超过这个时间，财务部将拒绝兑换。

4.关于顾客退货先退奖的注意事项

（1）当顾客发生退货时，如购物小票或合同上加盖了"已领取××奖"或"已领取××券"的印章，请要求其先到服务台退回已领取的赠券或礼品。

（2）在确认购物小票或合同上加盖了"已退奖"和"已退券"的印章后，方可为其办理退货手续。

（3）如公司客服部检查发现有退货而未退奖的情况时，顾客应退而未退的奖项费用将由您无条件等额承担。

（4）××家装本次活动已经当地公证处公证，您如果有兴趣，可作为商户代表和顾客代表共同参与公证。

祝您生意兴隆！

××年××月××日

第四章 商场超市通用文书写作

第一节 制度

一、定义

制度一般指要求大家共同遵守的办事规程或行动准则，也指在一定历史条件下形成的法令、礼俗等规范或一定的规格。在不同的行业、不同的部门、不同的岗位都有其具体的做事准则，目的都是使各项工作按计划按要求达到预计目标。

二、特点

商场超市的制度的特点包含三个方面，如图4-1所示。

特点一　**指导性和约束性**

> 制度对相关人员做些什么工作、如何开展工作都有一定的提示和指导，同时也明确相关人员不得做些什么，以及违背了会受到什么样的惩罚，因此，制度有指导性和约束性的特点

特点二　**鞭策性和激励性**

> 制度有时就张贴或悬挂在工作现场，随时鞭策和激励着人员遵守纪律、努力学习、勤奋工作

特点三　**规范性和程序性**

> 制度对实现工作程序的规范化、岗位责任的法规化、管理方法的科学化，起着重大作用，制度的制定必须以有关政策、法律、法令为依据，制度本身要有程序性，为人们的工作和活动提供可供遵循的依据

图4-1　商场超市制度的特点

三、结构

1.标题

制度的标题主要有两种构成形式：一种是以适用对象和文种构成，如《保密制度》《档案管理制度》；另一种是以单位名称、适用对象、文种构成，如《××商场超市盘点管理制度》。

2.正文

制度的正文有多种写法，主要可以概括为三种情况，如图4-2所示。

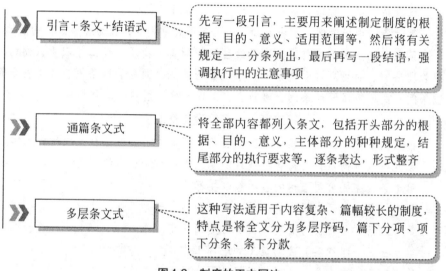

引言+条文+结语式 —— 先写一段引言，主要用来阐述制定制度的根据、目的、意义、适用范围等，然后将有关规定一一分条列出，最后再写一段结语，强调执行中的注意事项

通篇条文式 —— 将全部内容都列入条文，包括开头部分的根据、目的、意义，主体部分的种种规定，结尾部分的执行要求等，逐条表达，形式整齐

多层条文式 —— 这种写法适用于内容复杂、篇幅较长的制度，特点是将全文分为多层序码，篇下分项、项下分条、条下分款

图4-2　制度的正文写法

3.制发单位和日期

如有必要，可在标题下方正中加括号注明制发单位名称和日期，其位置也可以在正文之下，相当于公文落款的地方。

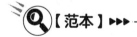

【范本】 ▶▶▶ --

××商场管理制度

第一章　总则

第一条　现场管理工作关系到公司的销售业绩和企业形象，为适应现代企业的发展要求，使本公司在日益激烈的市场竞争中立于不败之地，从规范现场管理工作，规范现场管理人员行为的角度出发，制定本条例。

第二条　制定本条例的原则。

（1）商场现场秩序依靠公司每一位员工共同遵守。现场工作人员之间应积极协调配合工作，各岗位工作人员应在本岗位职责内，在公司相关规章制度内履行自己的权利和义务，务必做到现场有人管理，现场责任有人承担。

（2）本条例的规定以现场日常工作为对象，以规范现场秩序，规范现场工作人员行为为内容，以现场内部管理为主体，以现场和各职能部室之间互相配合和监督为补充。

第三条　公司所有工作人员必须遵守本条例的相关规定。

第四条　现场管理人员为现场工作的第一责任人，必须坚守岗位。

第五条　现场管理为走动式管理与定台管理相结合。

第六条　现场管理人员应熟知公司的各项规章制度，作为开展工作的依据。

第七条　本条例由总则、商场经理工作职责、商场助理工作职责、商场人事管理条例、商场环境管理条例、票流管理条例、商品管理条例、商场安全管理条例、商场装修管理条例、班前会、工作流程、附则十二章组成。

第二章　商场经理工作职责

第八条　在总经理的领导下，全面负责商场的日常管理及各项考核工作。

第九条　贯彻执行公司各项规章制度，维护商场正常的售卖秩序。

第十条　完成公司下达的各项经济指标。

第十一条　负责商场内部人员调配、业绩考核等工作。

第十二条　负责实习管理人员实习期间评定工作。

第十三条　组织实施商场员工的培训工作。

第十四条　配合公司各职能部门做好商场考核工作。

第十五条　完成商场区域调整、品牌更换工作。

第十六条　与供货商保持联系，及时落实商品换季及补货工作。

第十七条　协助组织各品牌供货商实施商场内部营销活动。

第十八条　落实公司的大型公关和促销活动，并及时准确将活动内容传达到每一位现场员工。

第十九条　向公司反馈相关营销活动效果。

第二十条　组织安排商场的市调工作。

第二十一条　不断增强员工的安全意识，做好内部安全、保卫、消防工作。

第二十二条　协调商场内部各个岗位之间的工作关系。

第二十三条　拟订商场内部各项管理制度，并负责监督、考核与实施。

第二十四条　协调好与各职能部室及其他商场的日常工作关系。

第二十五条　定期收集整理员工提出的合理化建议并落实。

第二十六条　组织员工班前班后会，每月至少组织并参加一次员工座谈会。

第二十七条　亲自向员工传达公司重大事件、重大活动的须知及内容。

第二十八条　及时发现现场存在的问题，并加以解决。

第二十九条　及时、妥善处理现场发生的较重大的突发事件。

第三十条　及时、妥善处理较复杂的顾客投诉。

第三十一条　完成公司交办的其他工作。

第三章　商场助理工作职责

第三十二条　在商场经理的直接领导下，具体负责现场的日常管理及考核工作。

第三十三条　不折不扣地贯彻、落实公司的各项规章制度。

第三十四条　维护现场正常的售卖秩序，配合各职能部室开展工作。

第三十五条　负责本商场员工日常行为的检查管理工作，包括仪容仪表、迎言送语、站姿站位、个人卫生等。

第三十六条　负责本商场各品牌的卫生清扫、商品陈列、价签摆放的督导检查工作。

第三十七条　负责本商场员工的考勤、外出、就餐等管理工作。

第三十八条　负责本商场员工行为规范及基本业务知识的培训。

第三十九条　负责商场晨、午会的召开及员工进场、退场的组织工作。

第四十条　协助商场经理解决处理员工与厂商的劳资纠纷问题。

第四十一条　负责对供应商在现场的行为进行管理与监督。

第四十二条　负责本商场商品的进、销、存的监督与管理工作。

第四十三条　负责本商场各品牌商品质量、商品标识及商品价格的管理工作。

第四十四条　负责本商场《销售日报表》、《销售月盘点表》、《打折（变价）申请表》等票据的审核与签批工作。

第四十五条　负责本商场各品牌促销手续的上报及促销用品、宣传用品的领用工作。

第四十六条　负责公司各阶段促销活动在本商场的组织落实工作。

第四十七条　负责现场发生的一般性投诉事件及突发性事件的处理。

第四十八条　负责本商场日常用品的领用。

第四十九条　负责本商场员工用品、杂物杂品的存放及试衣间的管理。

第五十条　组织并落实本商场的消防安全及保卫工作。

第五十一条　负责本商场货品的安全监督工作。

第五十二条　负责本商场其他安全工作。

第五十三条　负责监督收银员对收银机的管理工作，并督促其做好每日的卫生清洁；除收银员正常工作外，任何人不得随意操作收银机，收银机发生故障应立即通知有关部门。

第五十四条　负责监督收银员对顾客提示牌的保管工作，发现损坏应及时更换或修理。

第五十五条　负责提醒并监督收银员认真清点和妥善保管所受理的现金和票据，并按规定鉴别真伪。

第五十六条　负责对收银员私自押款的行为进行监督。

第五十七条　完成领导交办的其他工作。

第四章　商场人事管理条例

第五十八条　须严格审核上岗导购员（收银员）的上岗手续，杜绝无证上岗现象。

第五十九条　培训考核新上岗导购员（收银员）应知应会。

第六十条　对新上岗导购员（收银员）的日常工作进行监督考核，对其转正做出评定。

第六十一条　随时检查促销员促销时间，督促促销到期的促销员办理离岗或延期手续。

第六十二条　积极协调解决导购员与厂商之间发生的劳资纠纷。

第六十三条　对违纪员工开展思想工作，相互沟通到位。

第六十四条　导购员（收银员）如需顶（换、还）班时，顶（换、还）班人员提前写出书面申请，申请内容包括顶（换、还）班原因、顶（换、还）班时间、申请人和顶（换、还）班人签名，现场管理人员签名批准。

第六十五条　员工有事需请假时，必须提前写出书面申请，先由厂方管理人员签字，再由现场管理人员签字批准。因各种原因不能按时销假的，需提前办理续假手续，否则视为旷工。

第五章　商场环境管理条例

第六十六条　现场管理人员要时刻注意维护商场的良好形象。

第六十七条　督促保洁员做好公共区域的地面、墙面、柱面、镜面、扶梯、垃圾桶、装饰物等的清洁维护工作。

第六十八条　督促导购员做好柜组内地面、墙面、柜面、镜面、货架、L架、花车、模特、票台、小库房、试衣间等的清洁维护工作。

第六十九条　督促保洁员和导购员做好所辖区域内消防箱、消防栓、消防镜面、灭火器、报警器等物品的清洁维护工作。

第七十条　监督本商场各品牌的形象，随时检查各品牌的装饰摆放物是否规范，各类设施是否齐全，发现有影响商场形象的现象立即督促其整改。

第七十一条　做好本商场展台、橱窗、广告牌、指示牌、水牌、易拉宝等的清洁维护工作，发现有损坏情况，立即报相关部门进行必要的更换或修理。

第七十二条　按照营销部的统一规划和规定保持商场形象的整体统一，不得随意发布POP、张贴宣传画、摆放L架，或进行其他广告宣传活动。

第七十三条　各商场如有花车促销，所需宣传架和POP数量及摆放位置应提前请示营销部。

第七十四条　向公司提出有关商场形象的合理化建议。

第六章　票流管理条例

第七十五条　贯彻执行公司有关财务、网络方面的规章制度，熟知公司的票流程序及规定。

第七十六条　自觉接受公司有关人员的检查指导，紧密配合商场财务人员的工作。

第七十七条　检查零销小票的规范填写。

第七十八条　检查《非自营商品进店登记表》的规范填写。

第七十九条　按规定及时传递商品打折变价单，并监督、检查《打折（变价）申请表》的规范填写。

第八十条　检查《销售日报表》的规范填写。

第八十一条　安排每月商场的盘点工作，在规定时间内将盘点表上交公司财务。

第八十二条　做好本商场商品退换货的审批工作。

第八十三条　严格执行谁制单谁署名制度，严禁代签、冒签，严禁使用他人工号。

第七章　商品管理条例

第八十四条　监督供应商进退场商品运送。

第八十五条　按规定审批商品进退场手续。

第八十六条　督促导购员积极掌握商品知识。

第八十七条　监督并努力杜绝场外交易现象、体外循环现象，严禁私压顾客货款，严禁代客交款。

第八十八条　检查本商场所销售商品的质量、包装、吊牌、内外标、厂名厂址等是否符合有关规定，及时撤换不符合商检要求的商品。

第八十九条　对商品陈列不整齐、破损或不按规定陈列的现象督促其及时整改。

第九十条　配合业务部门对过季商品要及时督促厂商撤换。

第九十一条　严禁商品未经商检入场。

第九十二条　随时对本商场商品价签进行检查，对填写不规范、摆放不到位的情况立即督促其整改。

第九十三条　认真检查商品编码，制止未编码商品的销售，假冒编码的商品要及时清除，并对供应商予以处理。

第九十四条　商品一货一码，不能混用商品编码，严禁新商品使用旧码和旧商品补货重新申报新码，不准出现重码。

第九十五条　商品在销售中严禁串码销售，不允许空退蓝进。

第九十六条　随时检查各品牌库房商品及杂物的摆放，发现问题及时整改。

第九十七条　监督有关黄铂金、珠宝等贵重商品的出入库工作。

第八章　消防安全管理条例

第九十八条　现场管理人员为现场消防安全责任人。

第九十九条　每日检查本商场各品牌和公共区域的消防安全状况和员工消防安全知识的掌握情况。

第一百条　保障本商场消防安全设施配备齐全，如发现消防安全设施有损坏应及时报告有关部门。

第一百零一条　随时检查员工通道、消防通道的畅通，对于在通道内堆放杂物或挤占通道的现象要及时给予制止。

第一百零二条　利用晨午会时间对员工进行有关消防安全知识和公司有关消防安全制度的培训。

第一百零三条　时刻保持警惕，发现可疑人员及时通知保安部。

第一百零四条　提高防范意识，做好处理突发事件的准备。

第一百零五条　做好员工上下班进出场管理工作。

第一百零六条　积极配合保安人员做好清场工作和交接班工作。

第九章　现场装修管理条例

第一百零七条　对现场装修进行严密监控，注意施工安全。

第一百零八条　严格审核装修手续，对手续不全的有权制止其施工。

第一百零九条　对装修人员的衣着、言行进行有效管理，保证售卖现场的工作秩序和公司良好形象。

第一百一十条　装修现场如发出噪声、产生灰尘，影响到现场正常的售卖秩序时，有权予以制止，并责令停工。

第一百一十一条　对装修现场施工所需的汽油、溶剂油等易燃品，以及临时接出的电线必须有效监控，以确保现场及人员的安全。

第一百一十二条　禁止供应商在营业时间进料，督促供应商在非营业时间及时清运施工余料和废料。

第二节　章程

一、定义

商场超市的章程，是商场超市经特定的程序制定的关于组织规程和办事规则的法规文书，是一种根本性的规章制度。

二、特点

章程主要有以下两个特点。

1.稳定性

章程是商场超市的基本纲领和行动准则，在一定时期内稳定地发挥其作用，如需更动或修订，应履行特定的程序与手续；有关商场超市开展业务工作的章程，是基本的办事准则，也应保持相对稳定，不宜轻易变动。

2.约束性

章程作用于商场超市内部，依靠全体成员共同实施，不由国家强制力予以推行，但要求其下属组织及成员信守，有一定的规范作用和约束力。

三、种类

章程主要有以下两种。

1.组织章程

由各类社会组织制定，用以对本组织的性质、宗旨、任务、机构、人员构成、内部关系、职责范围、权利义务、活动规则、纪律措施等做出明确规定，如《××商场章程》。

2.业务工作章程

主要由有关企事业单位制定，阐明其业务性质、运作方式、基本要求、行为规范等，如《招工简章》等。

四、写法

章程一般分为标题和正文两部分。

1.标题

商场超市章程的标题，一般由商场超市名称加文种构成。标题下面，写明什么时间由什么会议通过，加上括号。

2.正文

章程正文，包括总则、分则和附则三部分。

（1）总则。总则又称总纲，从总体说明组织的性质、宗旨、任务和作风等。

（2）分则。成员，讲成员条件、权利、义务和纪律；组织，讲全国组织、地方组织、基层组织，以及代表大会、理事会、常务理事会、专业小组、名誉职务；经费，讲经费来源和使用管理等。

（3）附则。附则，附带说明制定权、修改权和解释权等。

章程的语言多用词语的直接意义，不用比喻、比拟、夸张和婉曲等修辞手法。这样，语义毫不含糊，没有歧义，让人一看就明白。

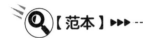 【范本】▶▶▶ --

××超市有限责任公司章程

第一章　总则

第一条　为完善企业经营机制，促进企业发展，保障本公司股东、职工和债权人的合法权益，根据《中华人民共和国公司法》和《中华人民共和国公司登记管理条例》及有关法律、法规，制定本章程。

第二条　本公司经工商行政管理部门登记注册依法设立后为独立的企业法人，其生产经营活动与合法权益受中国法律保护，其行为受中国法律约束接受国家机关监督。

第三条　本公司的组织形式为有限责任公司，有独立的法人财产，享有法人财产权。公司以其全部财产对公司的债务承担责任。股东是以其认缴的出资额为限对公司承担责任的企业法人。

第四条　公司要保护职工的合法权益，加强劳动保护，实现安全生产。

第二章　公司名称和住所

第五条　公司名称为：××超市有限责任公司。

第六条　公司住址为：××县××镇××大街××号。

第三章　公司经营范围

第七条　本公司的经营范围：烟酒糖茶、日用百货、洗化用品、水果蔬菜、肉类及肉类制品、食品、自制食品、五金电器、服装、百货厨具、针织布匹零售。

第四章　公司注册资木

第八条　公司注册资本80万元人民币，公司享有股东投资形成的全部法人财产权，并以其全部资本对公司的债务承担责任。

第五章　股东姓名或者名称、出资方式、出资额和出资时间

第九条　股东的姓名或者名称及出资方式。（略）

第十条　股东的姓名、股东出资额、出资比例及出资时间。

（1）××，出资××万元人民币，占公司注册资本额的××%。

（2）××，出资××万元人民币，占公司注册资本额的××%。

（3）××，出资××万元人民币，占公司注册资本额的××%。

第十一条　上述股东的出资额截至××年××月××日已全部缴清。

第十二条　本公司置备股东名册，记载股东姓名或名称及住所、股东出资额证明书编码及身份证号码。

第六章　股东的权利和义务

第十三条　股东享有下列权利。

（1）参加或推选代表参加股东会并根据其出资额享有表决权。

（2）查阅股东会会议记录和公司财务会计报告，了解公司经营状况和财务状况。

（3）选举和被选举为执行董事或监事。

（4）按照出资比例分取红利。

（5）优先购买其他股东转让的出资。

（6）优先购买公司新增的注册资本。

（7）依据公司法及章程的规定转让全部或部分出资。

（8）公司终止后，依法分配公司的剩余财产。

（9）公司法及章程规定的其他权利。

第十四条　股东承担以下义务。

（1）遵守公司章程。

（2）按期缴纳所认缴的出资。

（3）依其所缴纳的出资额为限承担公司债务。

（4）在公司办理登记注册手续后，股东不得抽回投资。

（5）遵守公司的章程，维护公司的利益。

（6）公司法及章程规定的其他业务。

第七章　股东转让出资的条件

第十五条　股东之间可以相互转让其全部或部分出资。

第十六条　股东向股东以外的人转让其出资时，必须经全体股东过半数同意；不同意转让的股东应当购买该股东转让的出资，如果不购买该转让的出资，视为同意转让。经股东同意转让的出资，在同等条件下，其他股东对该出资有优先购买权，股东依法转让其出资后，由公司将受让人的姓名或者名称、住所以及受让人的出资额记载于股东名册。

第八章　公司的机构及其产生办法、职权和议事规则

第十七条　股东会由全体股东组成，是公司的权力机构，行使下列职权。

（1）决定公司的经营方针及投资计划。

（2）选举和更换非由职工代表担任的董事、监事，决定有关执行董事、监事的报酬事项。

（3）审议批准执行董事的报告。

（4）审议批准监事的报告。

（5）审议批准公司的年度财务预算方案、决算方案。

（6）审议批准公司的利润分配方案和弥补亏损方案。

（7）对公司增加或者减少注册资本做出决议。

（8）对发行公司债券做出决议。

（9）对公司合并、分立、解散、清算或者变更公司形式做出决议。

（10）修改公司章程。

（11）公司章程规定的其他职权。

第十八条　股东会的首次会议由出资最多的股东召集和主持。

第十九条　股东会会议由股东按照出资比例行使表决权。

第二十条　股东会会议分为定期会议和临时会议。股东会会议由执行董事召集，并主持，执行董事因特殊原因不能履行职务时，由执行董事指定的其他人主持，并应当于会议召开十五日以前通知全体股东。定期会议应六个月召开一次，临时会议由执行董事或者监事提议方可召开。

股东出席股东会议也可书面委托他人参加，行使委托书载明的权力。

第二十一条　股东会应当对所议事项的决定做出会议记录，出席会议时股东应当在会议记录上签名。会议记录作为公司的档案材料予以保存。

第二十二条　本公司不设董事会，只设执行董事一人，执行董事行使公司日常经营管理的最高权力。执行董事对股东负责行使下列职权。

（1）负责召集股东会，并向股东会报告工作。

（2）执行股东会的决议。

（3）决定公司的经营计划和投资方案。

（4）制定公司的年度财务预算方案、决算方案。

（5）制定公司的利润分配方案和弥补亏损方案。

（6）制定公司增加或者减少注册资本的方案。

（7）拟定公司合并、分立、解散或者变更公司形式方案。

（8）决定公司内部管理机构的设置。

（9）决定聘任或者解聘公司经理及其报酬事项，并根据经理的提名决定聘任或者解聘公司的副经理、财务负责人，决定其报酬事项。

（10）制定公司的基本管理制度。

第二十三条　执行董事任期为三年，任期届满，可连选连任，执行董事在任期届满前，股东不得无故解除其职务。

第二十四条　本公司不设监事会，只设监事一名，执行董事经理及财务负责人不得连任监事，监事的任期每届为三年，任期届满，可连选连任。监事行使下列职权。

（1）检查公司财务。

（2）对董事、高级管理人员执行公司职务的行为进行监督，对违反法律、行政法规、公司章程或者股东会决议的董事、高级管理人员予以纠正。

（3）当董事和高级管理人员的行为损害公司利益时，要求董事、高级管理人员予以纠正。

（4）提议召开临时股东会，在执行董事不履行职责时召集和主持股东会会议。

（5）向股东会会议提出提案。

（6）依照公司法的规定，对董事、高级管理人员提起诉讼。

第二十五条　有限责任公司设经理，经理行使下列职权。

（1）主持公司的生产经营管理工作，组织实施董事会的决议。

（2）组织实施公司年度经营计划和投资方案。

（3）拟订公司内部管理机构设置方案。

（4）拟订公司的基本管理制度。

（5）指定公司的具体规章。

（6）提请聘任或者解聘公司副经理、财务负责人。

（7）决定聘任或者解聘除应由董事会决定聘任或者解聘以外的管理人员。

（8）执行董事授予的其他职权。

（9）经理列席董事会会议。

第二十六条　执行董事、监事、经理应当遵守法律、行政法规以及公司章程，踏实履行职务，维护公司利益，不得利用在公司的地位和职权，为自己牟取私利。执行董事、监事、经理执行职务时违反法律、行政法规或者公司章程的规定，给公司造成损害的应当承担赔偿责任。

第九章　公司的法定代表人

第二十七条　公司设执行董事一人，××为公司执行董事，执行董事是公司的法定代表人，任期三年，任期届满，选举可以连任。

第十章　公司的解散事由与清算办法

第二十八条　公司有下列情形之一的可以解散。

（1）公司章程规定的营业期限届满或者公司章程规定的其他解散事由出

现时。

（2）股东会议决议解散。

（3）因公司合并或者分立需要解散。

（4）依法被吊销营业执照、责令关闭或者被撤销。

（5）人民法院依照公司法的规定予以解散。

第二十九条　公司解散时，应以《公司法》的规定成立清算组，依照法定程序对公司进行清算。清算结束后，清算组应当制作清算报告，报股东或者有关主管机关确认，并报送公司登记机关，申请注销公司登记，公告公司终止。

第十一章　股东因为需要规定的其他事项

第三十条　公司根据需要可以修改公司章程，修改公司章程的决议必须经代表三分之二以上表决权的股东通过，并由全体股东签名、盖章。修改后的公司章程送原公司登记备案；涉及变更登记事项，同时向登记机关申请变更登记。

第三十一条　公司章程的解释权属股东会。

第三十二条　公司经营期限为十年，从《企业法人营业执照》签发之日起计算。

第三十三条　公司登记事项以公司登记机关核准的为准。

第三十四条　本章程经股东共同协商订立，自公司设立起生效。

全体股东（发起人）签名、盖章：＿＿＿＿＿＿＿＿

××年××月××日

第三节　守则

一、定义

商场超市守则是商场超市为了维护公共利益，向所属成员发布的一种要求自觉遵守的约束性公文。

二、特点

1.原则性

守则的原则阐述多于具体要求，它在指导思想、道德规范、工作和学习态度等方面，提出基本原则，但不过多涉及具体事项和方法、措施。

这些条文是一些基本的思想原则和道德规范，内容涉及思想、工作、学习、生活等方面。

2.约束性

守则是用来规范人的道德、约束人的行为的，通常在一个系统内部人人都要熟悉守则，人人都要遵守守则。它虽然不具有法律效力，也没有明显的强制性，但对有关人员的教育作用和约束作用还是很明显的。

3.完整性

守则一般篇幅都比较短小，但内容涉及成员应该遵循的所有基本原则和规范，系统而完整。为此守则的撰写要注意条目清晰，逻辑严谨。

三、结构

1.标题和日期

（1）标题。守则的标题由适用对象加文种组成，如《员工守则》。

（2）日期。有些守则需要在标题下方正中加括号标注日期和发布机关（或通过守则的会议）。

2.正文

守则的篇幅一般比较短小，多采用通篇分条式写法。

如果内容复杂，为了更有条理性，也可采用条例、规定、章程、细则那样的章条式写法，由总则、分则、附则三部分组成，下面再分章，章下再分条，不过这种情况比较少见。

在正文的写作中，条与条之间的划分是否符合逻辑规律，能不能做到条理清楚、层次分明，是写作成败的关键。另外还要注意语言表达的简练、质朴、准确。

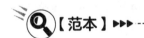

【范本】 ▶▶▶ --

××超市员工守则

一、严于职守

（1）按时上下班，工作时间内不得擅离职守或早退，班后无事不得在场内逗留。

（2）上下班须走指定通道。

（3）工作时间不准在卖场内打私人电话，不准会客。紧急情况通知店长批准离开卖场。手机应调至静音状态。

（4）工作时间不得穿着工作制服外出，不准吃东西，不准开放收录机、电视机，不得唱歌哼小调。

（5）除指定人员外，其他员工不得使用客用设施。

（6）举止文明，对顾客要热情、礼貌。

（7）各级管理人员不得利用职权给亲友以特殊优惠。

二、工作态度

（1）做到顾客至上，热情有礼。这是员工对顾客和同事的最基本态度。要面带笑容，使用敬语，"请"字当头，"谢"字不离口，接电话要先说"您好"。

（2）给顾客以亲切和轻松愉快的感觉。最适当的表示方法是常露笑容，"微笑"是友谊的"大使"，是连接顾客的桥梁。

（3）努力赢得顾客的满意，提供高效率的服务，关注工作上的技术细节，急顾客所急，为顾客排忧解难。

（4）给顾客以效率快和服务良好的印象，无论是常规的服务还是正常的管理工作，都应尽职尽责。

（5）员工之间应互相配合、真诚协作，不得互相扯皮，应同心协力解决问题，维护商场超市声誉。

（6）忠诚老实是商场超市员工必须具有的品德。有事必报，有错必改，不得提供假情况，不得文过饰非、阳奉阴违、诬陷他人。

三、仪容仪表

员工的仪表仪容，直接影响到商品超市的声誉及格调，全体员工必须充分认识到这一问题的重要性。

（1）员工必须经常保持服装整齐清洁，商场超市所发的工作制服等物品要自觉爱护，做到衣装整洁。

（2）男员工头发以发脚不盖过耳部及后衣领为适度，不准留小胡子。

（3）女员工不得披头散发，头发不宜过长，以不超过肩部为适度；保持淡雅清妆，不使用味浓的化妆品。

（4）员工不得梳怪异发型，应勤修剪头发、指甲，保持清洁。

四、服从领导

各级员工应切实服从领导的工作安排和调度，依时完成任务，不得无故拖延、拒绝或终止工作。倘若遇疑难或有不满的，应从速向直属领导请示或投诉。

五、工作制服

（1）商场超市将视员工的岗位及工作的需要与否，按不同规定发给员工不同的制服。所有需穿着工作制服的员工为制服员工，不要求穿着制服的员工为非制服员工。

（2）员工穿着必须保持整齐、清洁、端庄、大方，上班时必须按规定穿着工作制服。

（3）离职时必须将制服交回制服房，如有遗失或损坏，则需按有关规定赔偿。

六、遗失物品补领手续

（1）商场超市发给员工的制服、工作证、工号牌、员工证、衣柜、衣柜锁匙、计时卡等物品均应妥善使用及保管。这些物品离职时均须交回，如未能交回者须按规定赔偿。

（2）若有遗失或损坏者，应即通知部门主管并报人事部、培训部及有关部门，申请办理赔偿补领手续。

七、个人资料

（1）员工所填写的各类有关表格，内容应真实，做到忠诚老实，不隐瞒、不假造。

（2）为避免有关资料不确实而导致日后员工正当权益的损失，员工本人及家庭成员有关记录的变化，如迁移地址、婚姻状况、学历、分配、调动、晋升、出国、生育及涉及刑事、行政判决处理等，均应及时告知部门及人事部。

（3）如有隐瞒、虚报造假，一经发现或由此而产生的一切后果，一律由本人负责，商场超市将保留追究责任并有做出处理的权力。

八、处理投诉

顾客是上帝，全体员工都必须高度重视顾客的投诉。要细心聆听投诉，让顾客畅所欲言，并将其作为改进商场超市管理的不可多得的珍贵教材。

（1）如遇顾客投诉的事项第一时间通知主管以上级别处理。

（2）事无大小，对顾客投诉的事项，处理结果如何，事后必须有交代。

（3）投诉事项中，若有涉及本人的记录，不得涂改、撕毁，更不得假造。

（4）投诉经调查属实可作为奖励或处罚的依据。

九、讲究卫生、爱护公物

（1）养成讲卫生的美德，不随地吐痰，丢纸屑、果皮、烟头和杂物。如在公共场所发现有纸屑、杂物等，应随手捡起来，以保持商场超市内清洁优美的环境。

（2）爱护商场超市的一切工作器具，注意所有设备的定期维修、保养，节约用水、用电和易耗品，不准乱拿乱用公物，不得把有用的公物扔入垃圾桶。

十、严守机密

未经批准，员工不得向外界传播或提供有关商场超市的资料，商场超市的一切有关文件及资料不得交给无关人员。

员工守则

　　第一条　为规范员工言行，增强职业道德，建立良好的企业形象，充分发挥和协调员工的积极性，特制定本守则，全体员工必须遵守。

　　第二条　遵守劳动纪律，按时上下班，不迟到、不早退、不旷工；坚守工作岗位，不擅离职守，有事、有病提前请假。

　　第三条　遵守公司各项规章制度及合同条款；服从领导指挥，不怠工；接人待客礼貌热情，不卑不亢。

　　第四条　勤奋工作，努力学习，不断提高自身素质，大胆提出合理化建议。

　　第五条　各级人员分级管理、各负其责，上下级之间互相尊重，诚恳待人；发现错误，及时指出；说话办事态度和蔼。

　　第六条　同事之间和睦相处，加强团结，增进友谊；严于律己，宽以待人；热情主动地帮助他人解决困难。

　　第七条　爱护公司财务；厉行节约，不浪费；借公司物品要及时归还，不拖欠、不损坏。

　　第八条　确保工作安全，防止事故发生；发现险情要敢于大胆排除或报警。

　　第九条　勇于同不良行为做斗争，及时排除可能发生的事端和制止违反规章制度的行为。

　　第十条　严守公司秘密；实事求是，不谎报、不瞒报；不散播有损公司或他人名誉的谣言。

　　第十一条　不在外兼职或从事与本公司业务无关的工作。

　　第十二条　保持环境卫生、清洁、整齐；不损坏和涂抹公物，不乱扔废纸，不随地吐痰。

　　第十三条　不行贿受贿，不徇私舞弊，不作伪证，不恶意攻击诬陷他人。

　　第十四条　未经允许不携带违禁品进入公司；不准将公司物品带离公司；不准带外人进入公司，不准随意翻阅、查看不属于自己掌握的文件、信函、图纸、资料，不准随意使用他人电脑。

　　第十五条　发扬敬业精神，自觉维护公司利益和声誉。

　　第十六条　工作纪律。

　　（1）凡公司人员不得在工作时间做与工作无关的事，如玩电脑游戏等，违反者将扣除本人当月绩效工资，且其主管部门经理将扣除当月绩效工资一半；如若第二次被发现，公司将予以开除。

　　（2）禁止员工在办公室内抽烟（包括下班时间），违反者每次扣发工资50元。

（3）为了保持公司良好的工作环境，禁止在办公室内喧哗、打闹，影响他人办公。

（4）公司员工必须注意保持公司卫生，爱护公司公用设施、设备。

（5）注意节约水、电，严禁浪费。

（6）公司员工必须保持个人卫生的整洁，男士上班时间必须穿着正装；女士必须大方得体，不许穿奇装异服。

（7）公司除各部门经营业务以外，其他日常管理事宜，由公司综合部统一负责。

公司会努力给大家创造一个良好、宽松、有序的工作环境，使每个人的能力得以充分发挥，同时好的工作氛围需要大家共同自觉维护。

第四节　细则

一、定义

细则也称实施细则，是有关单位或部门为使下级单位或人员更好地贯彻执行某一法令、条例和规定，结合实际情况，对其所做的详细的、具体的解释和补充。细则是应用写作研究的主要文体之一。细则一般由原法令、条例、规定的制定机构或其下属职能部门制定，与原法令、条例、规定配套使用，其目的是堵住原条文中的漏洞，使原条文发挥出具体入微的工作效应。

二、特点

细则多是主体法律、法规、规章的从属性文件，它具有如下特点。

1.规范性

细则是对法律、法规和规章的补充说明或辅助性的规定，自然具有法律、法规、规章的规范特点。

2.补充性和辅助性

细则是主体法律、法规、规章的从属性文件，它对法令、条例、规定或其部分条文进行解释和说明，制定细则的目的是为了补充法律、法规、规章条文原则性强而操作性弱的不足，以利于贯彻执行。

3.操作性强

细则对有关法律、法规、规章的基本概念进行界定，规定具体适用的标准及执行程序，从而使主体规范性文件具有更强的操作性。

三、构成

细则一般由标题和正文两部分组成。

1.标题

一般由"适用范围+实施+文种"构成。

2.正文

正文一般由总则、分则和附则三部分组成。

总则说明制作本细则的目的、根据、适用范围、执行原则；分则根据法律、法规、规章的有关条款制定出具体的执行标准、实施措施、执行程序和奖惩措施；附则说明解释权和施行时间，有的细则还对一些未尽事宜作出说明。

 【范本】▶▶▶ --

商场超市员工礼仪规范细则

第一章　总则

第一条　让用户满意是公司客户理念的核心，创造一个和谐、相互尊重、令人愉快的工作氛围是企业文化建设的组成部分，礼仪规范在其中起着相当重要的作用。

第二条　每一个员工的言行举止都会影响到客户、同事以及其他相关人员。遵守礼仪规范，是社会交往的需要，也是相互尊重的需要，更是一个人善良道德的体现。作为一个注重服务的企业，每一个员工都应该通过自己符合礼仪规范的美的行为来让客户、同事和其他相关人员获得愉悦的心情、融洽的同事关系，赢得友谊和别人的信任，使自己被群体接受，成为一个让客户认同、受社会欢迎并被广泛尊重的人。

第三条　为规范员工的言行举止，提升企业和员工自身形象，让客户满意，公司特制定本礼仪规范，希望所有员工严格按本规范手册执行。

第二章　容貌、服饰、体态规范

第四条　员工在工作场所必须保持仪表端庄整洁、朴素自然，并符合以下要求。

（1）员工的头发、眼睛、口腔、指甲等必须保持清洁。指甲必须经常修剪，不得留长指甲；男性员工每日必须修面，不得蓄须；女性员工不得涂抹异色口红、眉毛、睫毛、眼影或指甲。

（2）员工必须保持发型整齐，不得卷、烫、染外形怪异、另类的发型或发色；男性不能剃光头，不得留长发，头发不得遮耳。

（3）员工上班前不能喝酒或吃葱蒜之类有刺激性异味的食品。

（4）面部表情应保持和善真诚，眼睛应明亮有神，亲切柔和，对所有前来公司的客户都必须面带微笑问好。

（5）女性员工上班时间应化工作妆，保持朴素自然的容貌，但不得化浓妆、异妆。

第五条　员工在工作场所必须着工作服或职业装，并符合以下正规着装规范。

（1）服装应干净、整洁、挺括，不得有褶皱、有异味；服装表面、领口、袖口等不得有污渍油迹，无破损、不开线、不掉扣。

（2）职业装袖子长度应以达到手腕为宜，衬衣袖子长度应超过西装0.5～0.2cm，衬衣袖口应系紧扣子。衬衣纽扣必须全部扣上，衬衣下摆应放入裤中。

（3）不得敞开西装上装，单排扣西装如是两粒扣，只扣上面一粒，三粒扣只扣上两粒，如是双排扣西装则应将扣子全部扣上。

（4）员工在工作场所必须佩戴工作牌，工作牌应统一佩戴在左胸工作服或职业装上。

（5）员工必须保持皮鞋干净光亮，不得有泥污。

第六条　在公司内或工作场所，员工应保持优雅的姿势和动作。站姿应符合以下规范。

（1）女性站立，两脚呈T字形，一只脚略前一只脚略后呈45度，前脚的脚后跟与后脚的内侧脚背靠拢。

（2）男性站立，双脚呈V字形，稍微分开，与肩同宽，身体重心在两脚之间。

（3）站立时腰背挺直，颈脖伸直，收腹提臀，双肩展开，身体正直平稳，不东倒西歪，不耸肩，双臂自然下垂或双手在体前自然交叉；双眼平视或注视对方，不斜视或东张西望；嘴微闭而面带笑容；不能有弯脖、斜腰、挺腹、含胸、屈腿、抖腿，以及重心不稳、双手插兜、身体乱晃等不适当的行为，也不要将双臂抱在胸前。

第七条　坐姿应符合以下规范。

（1）入座应轻柔和缓平稳，不要猛起猛坐，碰得桌椅乱响或带倒桌上的茶具。

（2）入座后坐姿应上身自然挺直，端庄而面带微笑，双肩平稳放松，双目平视，下颌稍向内收，脖子挺直，胸上挺，腹内收，背不靠椅子，重心垂直向下，双脚平落在地，双手自然交叉放在腿上或桌上，两膝并拢或稍微分开。

（3）女性坐下时应两腿并拢，小腿往右内侧并拢斜放，两手自然交叉放于大腿或桌上。

（4）不得傲慢地把脚向前伸或向后伸，或俯视对方；不得将身体后躺在座椅上或趴在写字台上，或手托下巴，更不能把脚架在椅子、沙发扶手或茶几上。

第八条　走姿应符合以下规范。

（1）员工在行进中，与别人碰面时应微笑问好，侧身让道；在狭窄的通道上，遇到急事要超越别人，如果可以超越，应加快步伐尽量从右侧超越，超越后再回头点头致意，并说"对不起"；当无法超越需要别人让道时，应说"对不起"，超越后再回头道谢；一般不在公共场所跑动。

（2）引导客人行进时，应主动问好，指示方向，走在客人的左前方1.5～2步距离处，身体略侧向客人；行进中如与客人交谈，应走在客人前面0.5步距离处或基本与客人保持平衡，转弯时应先伸手向客人指示方向。

第九条　手势：与人交谈时，手势应准确自然，符合规范；使用手势时幅度应适中，客人容易理解，不至于引起别人的反感或误会；应尊重客人的风俗习惯，注意手势与语言相结合，不能使用客人不理解或可能引起客人误会和反感的手势，决不能用手指对方。

第十条　在工作或公共场所，员工的下列行为应该禁止或尽量避免。

（1）面对别人打喷嚏、打哈欠、伸懒腰、搔痒、揉眼睛、搔头发、搓鼻子、挖耳朵、挖眼屎、搓泥垢、剔牙、修指甲、照镜子、化妆。

（2）跺脚或摆弄手指关节，发出"咔咔"声。

（3）随地吐痰、乱扔烟头或杂物，发现乱扔的杂物应随手拾起。

（4）在工作场所做其他不雅的动作。

 【范本】▶▶▶

收银主管考核细则

（一）协助上级领导建立健全相关收银政策和程序，并督导收银员严格执行，负责对收银员的培训、考核、评估工作。（10分）

未积极协助上级建立健全相关收银政策和程序扣1分/次。

对收银员的培训、考核、评估工作有失误扣2分/项。

未能监督收银员严格执行相关政策扣1分/次。

（二）负责收银员零钱备用金的管理。（10分）

收银员零钱备用金的管理不合理扣2分/次。

（三）随时检查各收银台的工作状况，抽查收银员收款情况，核对应收金额与实收金额，防止差错发生，协助较忙营业点收款工作。（10分）

未定期检查各收银台的工作状况导致收款误差扣2分/次。

未协助较忙营业点收款工作扣1分/次。

（四）检查所有收银员的交接班手续。（5分）

收银员的交接班手续检查不当出现误差扣1分/次。

（五）配合财务人员做好账务衔接和核对工作，做好往来账务。（10分）

未能配合财务人员做好账务衔接和核对工作扣2分/次。

（六）安排收银员的班前会议，并对已发生的问题进行陈述，提出解决方法。（10分）

收银员的班前会议安排不及时扣1分/次。

对已发生的问题未及时提出解决方法扣2分/次。

（七）负责对收银员进行收银、点钞等专业知识的培训。（10分）

对收银员进行收银、点钞等专业知识的培训不及时得当扣2分/次。

（八）及时处理顾客对收银工作的投诉。（5分）

未能及时处理顾客对收银工作的投诉扣1分/次。

（九）负责收银员的排班和考勤工作。（5分）

收银员的排班和考勤工作不合理影响工作秩序扣1分/次。

（十）负责楼层每日销售对单工作。（10分）

销售对单有误差未及时处理扣2分/次。

（十一）负责协调处理与楼层员工以及顾客的关系。（5分）

未能协调处理好楼层员工及客户的关系扣1分/次。

（十二）完成领导交办的其他工作。（5分）

未能按时保质完成上级交办的任务扣1分/次。

（十三）员工仪容仪表整洁，工作态度积极向上、团结协作，自觉遵守制度和纪律。（5分）

以上制度如有违反扣1分/项。

第五节　简报

一、定义

简报是传递某方面信息的简短的内部小报，是具有汇报性、交流性和指导性特点的简短、灵活、快捷的书面形式。简报又称"动态""简讯""要情""摘报""工作通讯""情况反映""情况交流""内部参考"等。也可以说，简报就是简要的调查报告、简要的情况报告、简要的工作报告、简要的消息报道等。

二、特点

简报具有其独特的特点。

1.内容专业性强

简报一般由有关单位、部门主办，专业性十分明显。由主办单位组织专人撰写，传递该项工作的各种信息，包括情况、经验、问题和对策等，一般性的东西少说，无关的东西不说，专业性的东西多说。

2.篇幅特别简短

一期简报甚至只登一篇文章，几段信息，或一期几篇文章，总共一两千字，长的也不过三五千字，读者可以用很短的时间把它读完，适应现代快节奏工作的需要。简报的语言必须简明精炼。

3.限于内部交流

简报一般在编报机关管辖范围内各单位之间交流，不宜甚至不能公开传播，特别是涉外机关和专政机关主办的简报更是如此。有的简报，往往是专给某一级领导人看的，有一定的保密要求，不能任意扩大阅读范围。

三、种类

简报的种类，按时间分，有定期的简报、不定期的简报；按性质分，有工作简报、生产简报、学习简报、会议简报；按内容分，有综合反映情况的简报和反映特定情况的专题简报。具体见表4-1。

表4-1　简报的种类

序号	类别	内容
1	日常工作简报	（1）日常工作简报又称业务简报，这是一种反映本地区、本系统、本部门日常工作或问题的经常性简报 （2）日常工作简报包含的内容较广，工作情况、成绩问题、经验教训、表扬批评，对上级某些政策或指示执行的步骤、措施都可以反映，它常以定期或不定期的形式出现，在一定范围内发行
2	中心工作简报	（1）中心工作简报又称专题简报，它是一种阶段性的简报 （2）中心工作简报往往是针对机关工作中某一时期的中心工作、某项中心任务办的简报，中心工作完成，简报也就停办了
3	会议简报	（1）会议简报是会议期间反映会议情况的简报，它是一种临时性的简报，内容包括会议中的情况、发言及会议决定等 （2）规模较大、时间较长的会议常要编发多期简报，以起到及时交流情况、推动会议的作用；小型会议一般是一会一期简报，常常在会议结束后，写一期较全面的总结性的情况反映
4	动态简报	动态简报，包括情况动态和思想动态，这类简报的时效性、机密性较强，要求迅速编发，发送范围有一定限制，在某一个时期、某一阶段要保密

四、结构

简报的种类尽管很多,但其结构却不无共同之处,一般都包括报头、标题、正文和报尾四个部分,有些还由编者配加按语,成为五个组成部分。

简报一般都有固定的报头,包括简报的名称、期号、编发单位、发行日期、保密等级和编号。具体如图4-3所示。

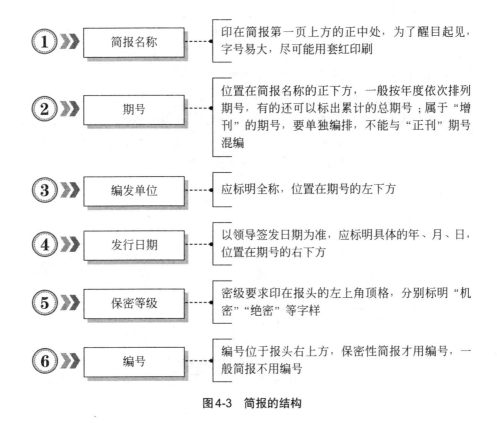

① 简报名称 —— 印在简报第一页上方的正中处,为了醒目起见,字号易大,尽可能用套红印刷

② 期号 —— 位置在简报名称的正下方,一般按年度依次排列期号,有的还可以标出累计的总期号;属于"增刊"的期号,要单独编排,不能与"正刊"期号混编

③ 编发单位 —— 应标明全称,位置在期号的左下方

④ 发行日期 —— 以领导签发日期为准,应标明具体的年、月、日,位置在期号的右下方

⑤ 保密等级 —— 密级要求印在报头的左上角顶格,分别标明"机密""绝密"等字样

⑥ 编号 —— 编号位于报头右上方,保密性简报才用编号,一般简报不用编号

图4-3 简报的结构

报头部分与标题和正文之间,一般都用一条粗线拦开。

有些简报根据需要,还应标明密级,如"内部参阅""秘密""机密""绝密"等,位置在简报名称的左上方。

报尾部分应包括简报的报、送、发单位。报,指简报呈报的上级单位;送,指简报送往的同级单位或不相隶属的单位;发,指简报发放的下级单位。如果简报的报、送、发单位是固定的,而又要临时增加发放单位,一般还应注明"本期增发×××(单位)"。报尾还应包括本期简报的印刷份数,以便于管理、查对。报尾部分印在简报末页的下端。

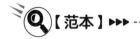【范本】▶▶▶ --

××超市创卫工作简报

自开展创建国家卫生城动员大会之后，我超市"创卫"领导小组办公室从宣传造势做起，积极行动。

一、精心组织谋划

超市"创卫"领导小组办公室、资料整理组及动员宣传组积极行动，编印编发简报、整理资料、印制标语，指导基层一线制定方案、落实工作责任，积极筹备动员大会，为宣传发动"加油"蓄势。

二、广泛宣传发动

在卖场内充分利用广播、标语、板报、会议、传单等多种形式，大张旗鼓宣传创建国家卫生城的重要性和必要性，宣传国家卫生城的具体标准和县城卫生管理的各种法律、法规，为创建国家卫生县城营造合力氛围。

我超市在开展"创卫"宣传活动中，共整理印发各种"创卫"宣传资料等730多份，悬挂、张贴标语170多条（张），利用广播宣传110多次，为全面开展"创卫"活动奠定了良好基础。

××超市

××年××月××日

第六节　会议纪要

一、定义

会议纪要是用于记载、传达会议情况和议定事项的公文，它不同于会议记录，对企事业单位、机关团体都适用。

二、特点

会议纪要主要有三个特点，如图4-4所示。

三、种类

会议纪要主要有6种，见表4-2。

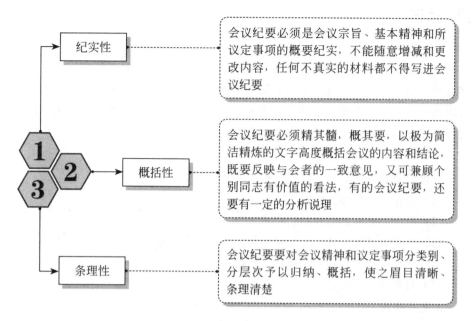

图4-4 会议纪要的特点

纪实性 —— 会议纪要必须是会议宗旨、基本精神和所议定事项的概要纪实，不能随意增减和更改内容，任何不真实的材料都不得写进会议纪要

概括性 —— 会议纪要必须精其髓，概其要，以极为简洁精炼的文字高度概括会议的内容和结论，既要反映与会者的一致意见，又可兼顾个别同志有价值的看法，有的会议纪要，还要有一定的分析说理

条理性 —— 会议纪要要对会议精神和议定事项分类别、分层次予以归纳、概括，使之眉目清晰、条理清楚

表4-2 会议纪要的种类

序号	名称	内容
1	工作会议纪要	它侧重于记录贯彻有关工作方针、政策，及其相应要解决的问题，如《全国民族贸易和民族用品生产工作会议纪要》《全省基本建设工作会议纪要》
2	代表会议纪要	它侧重于记录会议议程和通过的决议，以及今后工作的建议，如《××省第一次盲人聋哑人代表会议纪要》
3	座谈会议纪要	它内容比较单一、集中，侧重于工作的、思想的、理论的、学习的某一个问题或某一方面问题，如《十省区、十个路局整顿治安座谈会纪要》
4	联席会议纪要	它系指不同单位、团体，为了解决彼此有关的问题而联合举行会议，在此种会议上形成的纪要，它侧重于记录两边达成的共同协议
5	办公会议纪要	对本单位或本系统有关工作问题的讨论、商定、研究、决议的文字记录，以备查考
6	汇报会议纪要	这种会议侧重于汇报前一段工作情况，研究下一步工作，经常是为召开工作会议进行的准备会议

四、结构

1.标题

会议纪要的标题有两种格式：一是会议名称加纪要，也就是在"纪要"两个字前写上会议名称，如《全国财贸工会工作会议纪要》，会议名称可以写简称，也可以用开会地点作为会议名称；二是把会议的主要内容在标题里揭示出来，类似文件标题式的，如《关于加强纪检工作座谈会纪要》。

2.开头

会议纪要的开头简要介绍会议概况，其中包括以下内容。

（1）会议召开的形势和背景。

（2）会议的指导思想和目的要求。

（3）会议的名称、时间、地点、与会人员、主持者。

（4）会议的主要议题或解决什么问题。

（5）对会议的评价。

3.文号格式

文号写在标题的正下方，由年份、序号组成，用阿拉伯数字全称标出，并用"〔〕"括入，比如，〔××〕67号。办公会议纪要对文号一般不做必需的要求，但是在办公例会中一般要有文号，如"第××期"、"第××次"，写在标题的正下方。

4.制文时间

会议纪要的时间可以写在标题的下方，也可以写在正文的右下方、主办单位的下面，要用汉字写明"年、月、日"，如"二〇一六年八月十六日"。

5.正文

它是纪要的主体部分，是对会议的主要内容、主要精神、主要原则以及基本结论和今后任务等进行具体的综合和阐述。

6.结尾

一般写法是提出号召和希望，但要根据会议的内容和纪要的要求写，有的是以会议名义向本地区或本系统发出号召，要求广大干部认真贯彻执行会议精神，夺取新的胜利；有的是突出强调贯彻落实会议精神的关键问题，指出核心问题；有的是对会议做出简要评价，结合提出希望要求。

7.落款

落款包括署名和时间两项内容。署名只用于办公会议纪要，署上召开会议的领导机关的全称，下面写上成文的年、月、日期，加盖公章；一般会议纪要不署名，只写成文时间，加盖公章。

五、注意事项

会议纪要的编写要注意以下问题，如图4-5所示。

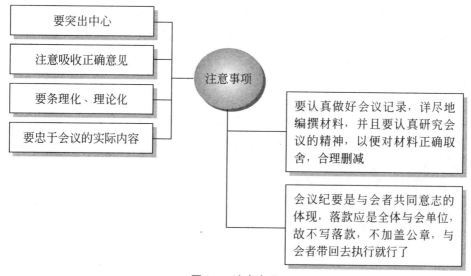

图4-5　注意事项

 【范本】▶▶▶ --

××商场施工会议纪要

会议日期：××年××月××日。

地点：公司会议室。

主持人：××总工。

会议记录：××工。

参加人员：材料负责人××经理、水电负责人××经理、土建施工负责人××工、消防负责人××经理、空调负责人××经理、××装饰公司负责人××经理及商场南区装修负责人××经理、商场地面砖镶贴两个负责人××经理、××经理。

目的：工作的相互协调与配合及进度，商场施工方各工种见面协调。

口号：齐心协力、大干快上、保证质量、确保工期。

内容如下。

（1）确定二个土建地面砖镶贴施工队伍，商场镶贴由××与××两个班组同时施工，精装修吊顶及分割由××装饰公司与××班组同时施工，商场空调与防火门施工由××经理班组负责。

（2）施工进度安排：商场施工工期到××月××日完成交付验收，为了工序配合及细部找补我们要在××月××日各分项达到验收标准。地面砖5月底施工完，大面积施工前要先样板开路，自检合格后上报公司，公司组织验收后方可大面积施工；我们施工管理人员要做好技术交底，签字有效。16日各个班组要将施工进度方案上报项目部，然后上报公司。采取跟踪管理。

（3）要求各个班组做好施工组织，马上面临麦收，各班组早日做好打算，不得因为麦收出现停工或延误工期现象。施工图纸已经出来，装饰队伍会后到办公室拷贝一个电子图，熟悉一下做各图纸审核。

（4）南侧商场由××班组开始施工，先将卫生间水管安装完。地面砖镶贴完48小时后方可上人行走，各班组注意成品保护。

（5）材料由××经理把关确定材料样品，到时工程所用材料必须与样品一致，不得出现偷梁换柱现象。

施工班组问题如下。

（1）空调走管××月××日前施工完毕可以退场。室外机组底座马上可以施工。

（2）××经理：乙方所用装饰材料××日前必须上报，包括生产厂家、规格、价格，我们将不定期对现场材料进行抽检，如出现与样品不符将严惩不贷。

（3）消防要马上将通道处消防喷淋确定出来。

（4）××经理：5号楼主楼内消防及空调暂不能施工，装修暂缓。

（5）土建：各个班组进场要挂施工表；确定一下地面伸缩缝处理方案。

第五章　商场超市商务文书写作

第一节　合同

一、定义

《中华人民共和国合同法》（以下简称《合同法》）第二条：合同是平等主体的自然人、法人、其他组织之间设立、变更、终止民事权利义务关系的协议。

合同，又称为契约、协议，作为一种民事法律行为，是当事人协商一致的产物，是两个以上的意思表示相一致的协议。只有当事人所作出的意思表示合法，合同才具有法律约束力。依法成立的合同从成立之日起生效，具有法律约束力。

二、内容

根据《合同法》第十二条规定：合同的内容由当事人约定，一般包括以下条款。

（1）当事人的名称或者姓名和住所。

（2）标题。

（3）数量。

（4）质量。

（5）价款或者报酬。

（6）履行期限、地点和方式。

（7）违约责任。

（8）解决争议的方法。

三、订立原则

根据《合同法》规定，缔约当事人在订立合同的过程中应当遵守五个原则，即当事人地位平等原则、自愿原则、公平原则、诚实信用原则和善良风俗原则。

《合同法》第三条：合同当事人的法律地位平等，一方不得将自己的意志强加给另一方。

《合同法》第四条：当事人依法享有自愿订立合同的权利，任何单位和个人不得非法干预。

《合同法》第五条：当事人应当遵循公平原则确定各方的权利和义务。

《合同法》第六条：当事人行使权利、履行义务应当遵循诚实信用原则。

《合同法》第七条：当事人订立、履行合同，应当遵守法律、行政法规，尊重社会公德，不得扰乱社会经济秩序，损害社会公共利益。

四、结构与写作要求

合同的结构一般由标题、正文、署名与日期三部分组成。

1.标题

标题一般直接点明合同的种类，如"房屋承建合同"，也可以直接写明订立合同的双方单位和合同项目。

标题下方应标明合同编号。

2.正文

（1）当事人。当事人首次出现应写全称，可用括号标明简称。

（2）正文条款。合同的主要条款按前文所述，共有8条。因合同事项需求，所以可根据当事人协商另加附则。

3.署名与日期

署名即签约单位或个人。署名时应写双方单位的全称，加盖双方单位公章或合同专用章，注明双方的地址、电话、联系人等。最后双方代表签名，签约日期位于签约单位下方。日期应写全年月日，不得省略。

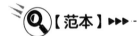【范本】 ▶▶▶ --

百货商场合作经营合同

甲方：_____

乙方：_____

为了充分发挥甲、乙双方各自的资源优势，经双方友好协商，达成如下合作协议。

第一条　合作方式

（1）甲方将其所有的位于××市××项目所在地_____的_____平方米的二层钢结构建筑房屋（包括_____平方米的停车广场）用于乙方合作经营。

（2）乙方用其品牌、管理经营模式、营销策划和经营经验等与甲方合作，共同经营××广场。

（3）甲、乙双方在_____区共同组建注册合作公司，负责日常经营管理工作。

第二条　合作期限

甲、乙双方合作期限暂定为五年，自＿＿年＿＿月＿＿日到＿＿年＿＿月＿＿日止，从合作市场开业时起算。

第三条　合作条件

（1）甲方按照附件（一）的标准提供经营场所。

（2）可租面积按实际测量计算为准。

（3）乙方对该项目的招商出租率（按可租面积计算）达到80%以上。

（4）甲方以基本管理费的形式每年向乙方支付人民币＿＿＿＿＿＿＿整（人民币＿＿＿＿＿＿＿＿＿＿＿＿＿）。付款方式为＿＿＿＿＿＿＿。其中合作第一年付款方式详见补充协议（一）。

（5）平均租金低于＿＿元／平方米·月，乙方只收取全年管理费的＿＿%。

（6）乙方应于＿＿年＿＿月＿＿日前完成该项目的招商工作。

第四条　甲方义务

（1）甲方应负责按乙方的设计、经营管理要求对全部＿＿＿＿＿＿平方米的房屋进行内外装修，并及时支付全部装修费用。

（2）为合作市场添置必要的，符合要求的消防、电力、用水、暖气、自动扶梯等设施，使房屋适合于经营百货，符合国家消防经营标准。

（3）甲方应于本协议签订后，于＿＿＿年＿＿＿月＿＿＿日前将符合上述条件的房屋交付乙方验收用于合作公司的经营。

（4）甲方负责协调处理于地方各部门的关系，争取各项优惠政策和税收减免等，并在商场营业前，提供百货店可投入运作的全套合法证明文件。

（5）甲方应保证协议有效期内：整体的房屋、土地所有权人是甲方，甲方不得将房屋、土地分割、出租，在签订合作协议时甲方应向乙方提供产权资料的复印件，甲方保证该资料的真实性。

第五条　乙方义务

（1）负责将拥有的企业品牌、管理经营模式、营销策划经验和招商客户资源用于合作公司。

（2）负责对房屋的装修进行整体设计，并于＿＿＿年＿＿＿月＿＿＿日前将设计方案交付甲方，并在甲方认可后，由甲方负责施工。

（3）负责合作市场前期的营销招商工作，应在甲方将符合协议约定条件的房屋交付验收后＿＿＿＿＿天（即＿＿＿年＿＿＿月＿＿＿日）使市场能开张营业。

第六条　合作公司的经营管理方式

（1）甲、乙双方合作公司名称为＿＿＿＿＿＿广场，注册资金为＿＿＿＿＿元，其中甲、乙双方各占有出资比例为＿＿%和＿＿%，双方均已人民币出资。

（2）该合作公司董事会由三人组成，甲方委派两名董事，其中一人担任董事长（法定代表人），乙方委派一名董事，担任执行总经理。

（3）甲方向合作公司委派相关财务总监，负责公司财务工作；乙方向合作公司委派执行总经理，全权负责公司日常各项经营管理活动。执行总经理每月十日前向董事长报告上个月的工作情况和财务报表。乙方在合作第一年内可委派一名市场管理人员协助总经理进行商场的经营管理和招商工作。

（4）甲、乙双方每年至少召开两次董事会，决定公司的重大事项。

（5）合作公司以乙方指派的执行总经理为主，组建经营管理团队。甲方对管理人员除执行总经理外享有推荐权，但须经乙方考核合格后方能任用。为减小成本开支，合作公司应尽量聘用本地员工。

第七条　合作公司的费用分担方式

（1）对房屋内外的装修预、决算应得到双方书面确认，内装修招牌分__年折旧进入合作公司经营成本，而房屋外装修、消防、暖气设施、自动扶梯不计入合作公司折旧成本。

（2）合作公司经营所需而使用的水、电、通信、经营管理、广告、工资、税收等费用均列入成本。合作公司每年广告费用按预算使用，原则上不高于100万元。其余各项成本费用由乙方在每合同年年初，以书面形式上报董事会，董事会批准后方可执行。

（3）合作公司的组织架构和工资标准为：详见附件（二）。

（4）甲、乙双方组建合作公司前市场发生的欠、贷款及利息由甲方组织资金偿付，乙方不负担任何责任。

（5）未经甲方书面同意，乙方不得利用_____广场对外借款、对外担保、向外抵押，否则由此产生的一切后果由乙方承担。同时乙方作为单一经营管理方也不承担合作公司所产生的一切债务关系。

第八条　利润分配

（1）利润是指为按上述费用分担基础上确定的可分配纯利润。

（2）利润按以下原则分配。

——以市场第一年合同约定的租赁平均价格（即_____元／平方米·月），合同期内年度的租金递增系数指标_____为基本标准。乙方在合作经营期间需保证甲方的基本收益。

——若市场实际平均租赁价格高于约定平均租赁价格的12%之内（含12%），乙方得高出部分的____%作为利润分成。

——若市场实际平均租赁价格高于约定平均租赁价格的12%以上，乙方得高出部分的_____%作为利润分成。

（3）合作公司每年12月30日进行一次财务审计确定可分配利润，并一次性分配。

第九条　合作期满或合作期内终止的资产处理

（1）合同期满，经甲、乙双方确定终止继续合作的，房屋及相关设施、装修等均归甲方所有，企业名称××归乙方所有，乙方不得再行使用含有"××"的企业名称。

（2）合作期内因一方违约终止或双方协商终止合同的，除按协议应承担的违约责任外，其他仍按上述原则处理。

第十条　违约责任

甲、乙双方均应严格履行协议，若有一方违约应向对方承担违约金_____元，造成终止合同的，除应承担违约责任外，资产按本协议第九条约定处理。

第十一条　其他约定

（1）未尽事宜，甲、乙双方另行协商补充协议，经双方确认签字同样具有法律效应。

（2）本协议履行过程中若有纠纷，可向本项目所在地人民法院提起诉讼。

（3）本协议经甲、乙双方签章生效。

（4）本协议一式四分，甲、乙双方各持两份。

甲方：_____　　乙方：_____

法定代表人：_____　　法定代表人：_____

经办人：_____　　经办人：_____

公司地址：_____　　公司地址：_____

签订日期：_____　　签订日期：_____

第二节　招投标书

一、定义

1.招标书

招标书又称招标通告、招标启事、招标广告，它是将招标主要事项和要求公告于世，从而招使众多的投资者前来投标；一般都通过报刊、广播、电视等公开传播媒介发表；在整个招标过程中，它是属于首次使用的公开性文件，也是唯一具有周知性的文件。

2.投标书

投标书是指投标单位按照招标书的条件和要求，向招标单位提交的报价并填具标单的文书。它要求密封后邮寄或派专人送到招标单位，故又称标函。它是投标单位在充分领会招标文件，进行现场实地考察和调查的基础上所编制的投标文书，是对招标公告提出的要求的响应和承诺，并同时提出具体的标价及有关事项来竞争中标。

二、招标书的种类

（1）按方式划分，招标书有公开招标、邀请招标。

（2）按时间划分，招标书有长期招标书和短期招标书。

（3）按内容及性质划分，招标书有企业承包招标书、工程招标书、大宗商品交易招标书。

（4）按招标范围划分，招标书有国际招标书和国内招标书。

三、招标书的结构与写作方法

招标书一般由标题、正文、结尾三部分组成。

1.标题

写在第一行的中间。常见写法有四种，如图5-1所示。

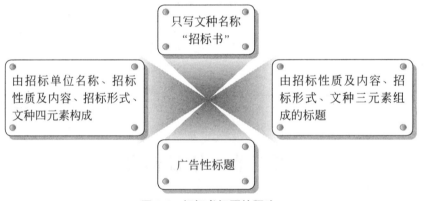

图5-1　招标书标题的写法

2.正文

正文由引言、主体部分组成。

引言部分要求写清楚招标依据、原因。

主体部分要翔实交代招标方式（公开招标、内部招标、邀请招标）、招标范围、招标程序、招标内容的具体要求，以及双方签订合同的原则、招标过程中的权利和义务、组织领导、其他注意事项等内容。

3.结尾

招标书的结尾，应签具招标单位的名称、地址、电话等。

四、投标书的结构与写作方法

1.标题

投标书标题正中写明"投标申请书""投标答辩书"或"投标书"即可。

2.正文

投标书正文由开头和主体组成。

开头，写明投标的依据和主导思想。

主体，应把投标的经营思想和经营方针、经营目标、经营措施、要求、外部条件等内容具体、完整、全面地表述出来，力求论证严密、层次清晰、文字简练。

3.落款

写明投标单位（或个人）的名称和投标日期。

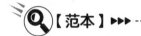【范本】▶▶▶ --

××商场开荒及保洁招标书

一、投标须知

1.合格的投标人

（1）投标人必须具有独立法人资格。

（2）投标人应具有与招标项目相对应的物业保洁管理资质。

（3）投标人应具有商业卖场的保洁经验。

（4）有省优、市优物业保洁经验。

（5）在最近三年内无骗取中标、严重违约行为及发生重大安全事故。

2.投标文件的组成

（1）投标书。

（2）投标人营业资质材料，近二年内承接的类似保洁项目简介。

（3）保洁服务质量标准响应书。

（4）××商场保洁标准相应的保证措施，内容包括：保洁管理整体设想及策划；管理目标；管理模式；工作计划；人员组织；培训与管理；制度建设；安全管理；物资装备等。

（5）投标报价。

3.投标文件格式

投标人提交的投标文件应当使用招标文件所提供的投标文件全部格式。

4.现场踏勘

投标人可于××年××月××日到工地集中踏勘，现场统一答疑，以充分了解工地状况，任何因忽视或误解项目情况而导致的索赔将不被批准。

5.投标人报价

应根据本企业的经营成本自行决定报价，但不得以低于其企业成本的报价竞标，同时任何招标保洁面积上的统计如有误差，均由投标人在报价中考虑，不得期望通过索赔、签证等方式获取补偿。否则，除可能遭到拒绝外，还可能将被作为不良行为记录在案，并可能影响其以后参加项目投标。

6.投标货币

本清洁服务投标报价采用的币种为人民币。

7.投标截止时间

____年____月____日；有效期至____年____月____日。

8.投标文件的份数和签署

（1）投标文件装订分正本一份和副本一份，在密封封面右上角注明"正本"或"副本"，正本和副本如有不一致之处，以正本为准。

（2）投标文件封面、投标函均应加盖投标人印章并经法定代表人或其委托代理人签字或盖章。由委托人签字或盖章的投标文件中须同时提交投标文件签署授权委托书。

（3）除投标人对错误处修改外，全套投标文件应无涂改或增删。如有修改，须由投标人加盖投标人的印章或由投标文件签字人签字或盖章。

9.投标文件的装订、密封和标记

（1）投标人应将所有投标文件的正本和所有副本分别密封，并在密封袋上清楚地标明"正本""副本"。

（2）所有投标文件的外层密封袋的封口处应加盖密封章。封面标明投标项目名称。

10.迟交的投标文件

投标人在投标邀请书规定的投标截止时间以后收到的投标文件，将被拒绝并退回给投标人。

11.投标文件的补充、修改与撤回

投标人在规定的投标截止时间之前，可以以书面形式补充修改或撤回提交的投标文件，并以书面形式通知招标人。补充、修改的内容为投标文件的组成部分。

二、项目概况

1.项目范围

范围一：××商场公共区域、广场、道路、消防楼梯、电梯、卫生间、防滑地毯、标识牌、地下车库、办公室、商场内通道玻璃幕墙及店铺门面外侧玻璃等；××影院开荒保洁，外墙清洗。

范围二：××商场负三楼至五楼整场的日常保洁。

具体项目（略）。

2.保洁面积

××商场保洁面积具体见下表。

××商场保洁面积一览表

一	公共区域面积	备注
1	××平方米	总面积
2	××平方米	外墙立面
二	影院面积	
1	××平方米	
三	保洁面积总计	

3.承包期限

清洁服务期限一年。

4.清洁服务质量标准

（略）。

三、报价要求

1.清洁开荒

开荒总报价表见下表。

开荒总报价表

项目	单位	面积	单价	总价
开荒清洁（整场）	平方米	××		
外墙清洗（火烧岩、玻璃幕）	平方米	××		
开荒清洁（××影院）	平方米	××		
合计				
备注：（1）以上价格属包干价，含材料、人工、税费等一切费用 （2）此标为一次性报价				

2.日常保洁

日常保洁总报价表见下表。

日常保洁总报价表

1.员工开支
主管_____×（_____人）=_____人民币/月
领班_____×（_____人）=_____人民币/月
清洁员_____×（_____人）=_____人民币/月
小计：_____人民币/月

续表

2.提供清洁物料	＿＿＿＿＿人民币/月
3.提供足够的清洁工具及设备	＿＿＿＿＿人民币/月
4.提供用纸	＿＿＿＿＿人民币/月
（该项报价为含由乙方负责提供擦手纸、大卷纸等物料）。	
1+2+3+4总计为：＿＿＿＿＿人民币/月	
备注：（1）以上价格属包干价，含材料、人工、税费等一切费用	
（2）此标为一次性报价	
投标公司盖章及签署：	
日期：××年××月××日	

岗位人员编制具体见下表。

岗位人员编制

××商场保洁人数安排			
楼层	楼层人数/人	区域	备注
10F	2	保洁2人，办公室负责卫生	
9F	1	2人班次，2班	
8F	1		
7F	4	卫生间2人，卖场2人	
6F	6	卫生间3人，卖场3人	
5F	4	卫生间2人，卖场2人	
4F	4	卫生间2人，卖场2人	
3F	4	卫生间2人，卖场2人	
2F	4	卫生间2人，卖场2人	
1F	6	卖场6人	
−1F	4	卖场2人，卫生间2人	
−2F	3	车场3人	
外围	3	3人	
消防通道清洁与负责机动岗位	5	通道/机动	
领班	2	—	
驻场经理	1	—	
夜班	8	夜班负责清洁	

清洁物料费用具体见下表。

清洁物料费用表

序号	材料名称规格	单位	单价/元	数量	小计/元	产地	厂家	使用部位
	每月合计/元							

注：1.清洁物料包括清洁保养剂、清洁工具等。

2.表中数量为每月完成广场日常保洁的消耗量，列出每月的合计金额。

3.零散材料可列为其他材料，直接填写费用，并说明材料用途。

编制单位（盖章）：　　　　　　编制人：　　　　　　编制日期：

法定代表人（签字）：

清洁机械设备费用具体见下表。

清洁机械设备费用表

序号	设备名称规格	单位	原值/（元/台）	机械设备费/（元/月·台）	数量	小计/（元/月）	产地	厂家	使用部位
合计/（元/月）									

注：1.机械设备费包括设备购置折旧费、使用和维修费等。

2.表中数量为每月完成广场日常保洁的消耗量，表末应列出每月的合计金额。

3.必须配置全自动洗地机1台、单擦机2台、吸尘吸水机2台（可根据现状增加设备数量）。

四、员工制服样式

（略）。

五、清洁考核标准

（1）清洁公司根据管理合同规定的要求于每月28日前向管理处提交下月工作计划，并于每周五下午到管理处召开周会，向本处报告每周保洁情况。如未按时提交计划予物业部或未按时参加会议报告保洁情况，每次扣罚10分。

（2）清洁公司须对照合同保洁标准进行日常保洁工作，如有未完善之处，管理处视情况发《整改通知书》，对物业部发的《整改通知书》应按照规定期限完成整改，按照以上标准扣罚。

（3）清洁公司须按计划进行日常保洁工作，未按计划和规定程序完成保洁工作的，扣罚月款项1%。

（4）清洁人员应统一着装，统一佩戴工作证，违反的每次扣罚20元。

（5）定期或视情况及时清扫楼层垃圾，如发现装满后未及时清理的，每次扣罚50元。

（6）清洁公司人员须严格遵守广场各项规定，如发现工作时间有偷懒、闲谈、顶撞客户等不检行为，视情况每次每人扣罚50元。

（7）客户对清洁工作方面的投诉，经查属实者，每次视情况扣罚50～500元。如情况恶劣造成重大影响的（如盗窃、伤人等），清洁公司需对造成的损失承担一切责任，而且管理公司有权终止合约。

（8）其他违反合同及有损广场和管理公司形象的行为，管理处将根据实际情况作出适当扣罚。

每月月末管理公司通过两个指标率，对清洁公司作出总体评估，支付费用。评核采用百分制，标准如下。

（1）物业部专项负责环境管理的人员每天分别对清洁范围进行巡检和抽查，如当天发现的不合格处是同一地方同一问题，作扣罚处理，按照《清洁服务质量标准》执行。

（2）扣分上限为月度服务费总额的30%，如年度执行期内累计达到3次的，发包方有权即时停止承包方继续执行合同，并不作任何的赔偿支付。

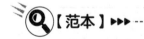 【范本】▶▶▶ --

投 标 书

致：_____（招标人名称）

（1）根据你方××商场项目的清洁服务招标文件，遵照《中华人民共和国招标投标法》等有关规定，经踏勘项目现场和研究上述招标文件后，我方愿以人民币（大写）_____元（人民币____元）的投标报价承包上述项目的服务。

（2）我方已详细审核全部招标文件及有关附件。

（3）我方同意所提交的投标文件在招标文件的投标须知规定的投标有效期内有效，在此期间内如果中标，我方将受此约束。

（4）除非另外达成协议并生效，你方的中标通知书和本投标文件将成为约束双方的合同文件的组成部分。

投标人：_____（盖章）

单位地址：_____

法定代表人或其委托代理人：_____（签字或盖章）

电话：_____ 传真：_____

开户银行名称：_____

开户银行账号：_____

日期：____年____月____日

（5）投标人一般情况见下表。

投标人一般情况

1	企业名称：	
2	总部地址：	
3	当地代表处地址：	
4	电话：	联系人：
5	传真：	电子信箱：
6	注册地：	注册年份：（请附营业执照复印件）
7	公司资质等级：（请附有关证书复印件）	
8	公司_____（是否通过，何种）质量保证体系认证（如通过请附相关证书复印件，并提供认证机构年审监督报告）	
9	主营范围	

第三节　可行性报告

一、定义

可行性报告又叫可行性研究报告，是从事一种经济活动（投资）之前，双方要从经济、技术、生产、供销直到社会环境、法律等各种因素进行具体调查、研究、分析，确定有利和不利的因素、项目是否可行，估计成功率大小、经济效益和社会效果，为决策者和主管机关审批的上报文件。

二、特点

1.科学性

可行性报告作为研究的书面形式，反映的是对行为项目的分析、评判，这种分析和评判应该是建立在客观基础上的科学结论，所以科学性是可行性研究报告的第一特点。

2.详备性

可行性研究报告的内容越详备越好。只有详尽完备地研究论证之后，其"可行性"或"不可行性"才能显现，并获得批准通过。

3.程序性

可行性研究报告是决策的基础。为保证决策的科学正确，一定要有可行性研究这么一个过程，最后的获批也一定要经过相关的法定程序。

三、写作要求

可行性研究工作对于整个项目建设过程乃至整个国民经济都有非常重要的意义，为了保证可行性研究工作的科学性、客观性和公正性，有效地防止错误和遗漏，在可行性研究中要做到以下3点。

（1）必须站在客观公正的立场进行调查研究，做好基础资料的收集工作。对于收集的基础资料，要按照客观实际情况进行论证评价，如实地反映客观经济规律，从客观数据出发，通过科学分析，得出项目是否可行的结论。

（2）可行性研究报告的内容深度必须达到国家规定的标准，基本内容要完整，应尽可能多地占有数据资料，避免粗制滥造，搞形式主义。

在做法上要掌握好以下4个要点。

——先论证，后决策。

——处理好项目建议书、可行性研究、评估这三个阶段的关系，哪一个阶段发现不可行都应当停止研究。

——要将调查研究贯彻始终。一定要掌握切实可靠的资料，以保证资料选取的全面性、重要性、客观性和连续性。

——多方案比较，择优选取。

（3）为保证可行性研究的工作质量，应保证咨询设计单位足够的工作周期，防止因各种原因的不负责任草率行事。

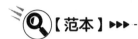 【范本】▶▶▶ --

××超市管理信息系统可行性分析报告

一、引言

1. 概述

用户：××超市。

拟建系统名称：××超市管理信息系统。

开发单位：××。

系统服务对象：超市收银员、顾客、超市导购员等。

2. 项目建设背景及必要性

长期以来，××超市一直采用人工管理模式。商品的采购、库存、销售和核算等信息存在工作量大、服务紊乱、工作效率低下、信息不能及时反馈、成本高等问题，为了彻底改善超市信息管理的落后局面，特提出开发本系统。"××超市信息系统"的建设，必将为超市的发展注入新的活力，因为先进的信息化管理，可以更有效地控制企业的购、运、小、存，从而降低企业的运营成本。

二、系统设计目标

1. 组合子目标和战略

××超市的目标是以优质的服务、低廉的价格、丰富的货物向广大市民提供畅快的购物体验。具体分解如下。

（1）合理的货物布局、舒适的购物环境，减少消费者20%寻找商品的时间。

（2）在一年内每个月增加20%各类货物。

（3）经理能够及时获得畅销货物的相关信息。

（4）可以及时快捷地获得附近居民的购物需求，及时获得畅销货物、滞销（过期）货物的信息。

（5）上架、下架、清点的效率提高30%。

（6）每年在本市建立一个分店，在三年内实现货物的连锁销售。

为了实现超市的目标，超市计划采取的重大战略如下。

——采用一定的导购措施，方便消费者对超市库存货物的了解。

——更改结算模式，减少结账等待时间。

——建立供货商物流数据库，掌握最新的货物生产、运输动态。

——修改采购计划，每年增加20%的采购基金，增加货物种类、数量。

——对销售货物进行动态统计，及时掌握畅销货物、滞销货物信息。

——修改库存管理方法，提高效率，方便管理。

——更新结账系统。

——建立超市销售管理系统，全面提高管理水平和工作效率。

2. 业务概况

××超市为一般规模的超市，消费者约占本区人口的15%左右，超市设有计划市场部、库存、销售部、办公室四个部门。计划市场部负责货物的订购计划、货物订购等业务，库存负责货物的入库、上架、盘库、保管和过期货物的处理等工作，货物销售部负责货物的销售工作，具体包括从库房中领取货物、销售、结算等，办公室负责超市的事物管理工作。

3. 存在的问题

长期以来，该超市一直采用人工管理，货物的采购、库存、销售和核算的人工信息管理存在工作量大、服务质量差、工作效率低、耗费人员多等问题，货物的市场、库存、销售，以及消费者对超市所供货物意见不能及时反馈。

三、经济可行性分析

1. 支出

（1）系统开发费用。

——人员费用。本系统开发期为20周，调试期为12周。开发期需要开发人员5人，调试期需要开发人员2人。每人每年按照8万人民币计算，人员费用32万。

——硬件设备费用。本系统所需要的硬件设备费用为14.76万元，其中：服务器一台费用为32000元；微机10台费用为7000元；打印机10台费用为12000元；条形码扫描仪10台费用为18000元；网络设备和布线费用为10000元；不间断电源1台费用为3000元；工作台11台费用为2600元。

——软件费用、系统所需购买软件的费用为21万元人民币，其中：Windows NT费用为50000元；SQLSever费用为6000元；Java环境费用为5000元；Rose建模工具费用为50000元。

——耗材费。所需费用估计8000元人民币。

——咨询和评估费用。本系统所需咨询评估费用约为12000元人民币。

——调研和差旅费。本系统所需的费用约10000元人民币。

——不可预见费用：按开发费用的15%计。系统中的开发费用：59.64万元。

（2）系统运行费用。假定本系统的运行期为10年，每年的运行费用计算如下。

——系统维护费。一年需要0.5人/年进行维护，维护费用为0.5×8=4.0万元。

——设备维护费用。假设设备的运行更新期为5年，并且5年以后的设备价格以现价计算，则设备更新费用14.76万元。假设设备日常故障维护为每年0.6万元，则平均每年的设备为护费用为：14.76÷10+0.62=2.076万元。

——消耗材料费用。每年消耗的材料费用按0.8万元计算。系统每年运行费用6.876万元，10年累计为68.76万元，系统开发和运行费用总计为128.4万元，折合12.84万元/年。

2.收益

超市信息系统获得的直接经济效益可以从以下4个方面计算。

（1）提高工作效率，减少工作人员。本系统投入运行可以提高计划采购管理、入库管理、销售管理和核算信息管理的效率，累计可以综合提高工作效率大于20%，可以减少15%的工作人员。

超市现有人员按30人计算，可以减少4.5人。

每人每月工资按照1500元计算，节约工资0.15×12×4.5=8.1万元/年。

（2）扩大服务范围，增加超市收入。由于提高了工作效率，超市可以增加货物的品种和销售规模。假定在原有基础上可以增加20%的销售量，超市每年的总利润按300万元计算，则可以增加收入60万元。

（3）及时获取信息，减少决策失误。本系统的建设可以及时获取货物市场的信息、消费者反馈信息以及畅销滞销货物的信息，提高决策正确率。因此，每年可以增加收入12万元以上。

（4）减少库存积压，提高资金周转。通过对出库的信息化管理，可以及时获取库存信息，争取最优库存，提高资金的周转率。预计每年可以减少积压库存18万元以上。

建设该系统除了可以获得直接经济效益外，还可以获得多方面的社会效益，主要如下。

——提高工作效率，减少消费者的购物时间。

——改善工作方式，减轻工作者的劳动。

——提高工作质量，改善超市形象。

——提高管理水平。系统可以及时提供货物的供求信息、库存信息、销售信息、消费者反馈信息，提高决策正确率。同时，在对各种信息的综合分析基础上，提升货物种类，提高服务质量，满足不同消费者的需求，使超市管理向着高质量、科学化、信息化发展。

3.支出、收益分析

系统总投入128.4万元，系统预计总收入981万元，1.5年可以回收成本，从经济上考虑本系统完全有开发必要。

四、技术可行性分析

1. 信息系统开发方法

在开发小组中有熟练掌握面向对象开发软件系统的资深系统分析员和程序员。

在信息系统开发方法上不存在任何问题。

2. 网络和通信技术

本开发小组有专门的网络技术人员，有多年的大型网络组网经验。

3. C/S结构规划和设计技术

开发小组有丰富的C/S开发经验。

4. 数据库技术

有专业开发数据库的团队。

5. Java开发技术

开发小组的所有成员均可熟练使用Java编程。

综上，本系统开发完全可行。

五、社会可行性分析

本团队有成功开发超市管理信息系统的先例，社会的发展也需要超市管理的现代化和信息化。本团队开发的系统与国家的法律法规不存在任何的抵触之处，且符合工作人员的操作习惯。

六、可行性分析结论

通过经济、技术和社会等各方面的可行性分析，可以确定本系统是完全有必要的，且是可行的，应当立项开发。

第四节　计划

一、定义

计划是党政机关、企事业单位、社会团体对今后一段时间的工作、活动作出预想和安排的一种事务性文书。

二、特点

计划主要有七大特点，如图5-2所示。

图5-2 计划的特点

三、分类

不同的分类方法可以把计划分为很多种类，具体见表5-1。

表5-1 计划的种类

分类标志	类型
形式	宗旨、目标、战略、政策、规则、程序、规划和预算
职能	销售计划、生产计划、财务计划、新产品开发计划、人事计划等
广度	战略性计划和作业性计划
时间跨度	短期计划、中期计划和长期计划
明确性	具体计划和指导性计划

四、结构

计划通常由标题、正文、署名和日期三部分构成。

1.标题

计划的标题应包括制发单位、时间限断语、事由和文种类别（计划）四部分，一般四者要齐全。事由要标明是"工作计划"，还是"生产计划"或其他计划；时间限断语是计划适用的时限范围，但有时因制定者认为计划的执行范围仅在本单位，已很明显，在标题中将其省略；比较规范的计划仍要标明制文单位。

2.正文

计划的正文，一般先扼要说明制订该计划的缘由、根据，对完成任务的主客观条件作些分析，说明完成该计划的必要与可能性。其次是计划的具体内容，即在多长时间完成哪些任务，并设计完成任务的步骤和方法等。最后是结尾语，提出重点或强调有关事项，做出简短号召。

3.署名和日期

高级机关制订的计划，也有在正文后不另署制文单位和制文日期的，此时制文单位名称应于标题，制文日期往往在标题下括号内注明。

 【范本】 ▶▶▶ ------------------------------

××商场超市销售工作计划

××年注定是竞争空前的一年，招商部将本着公司利益结合项目实际情况，一方面要广泛收集客户资料，寻找上档次的主流品牌，了解客户的增店计划以及经营规划思路，另一方面就是要定期对其他及周边城市对手商场进行市场调查研究，了解对手市场的品牌布局情况、品牌的变动和销售情况，以及客流结构等信息。

一、计划今年的招商工作目标

（1）提升整体的业务水平。

（2）多学习、交流，探讨相关的招商知识及部门工作。

（3）与同行业中人员多交流，探讨摸索，创新招商知识。

（4）了解相关信息，及时与领导及其他部门沟通，大家一起探讨，从而结合本部门实际工作进一步改进。

（5）对××市去集中性商业进行有目的性市场调查。

（6）制定租金策略。

（7）2月下旬与××负责人对接项目问题，三月初接待××、××、××负责人对项目进行考察。

（8）制定新业态招商手册。

（9）加强招商专员的业务培训。

（10）与工程部对接物业条件的准确数据。

（11）配合销售部进行对商铺的营销工作。

（12）继续挖掘潜在或意向客户。

二、尽可能多的增加预备客户资源

（1）真诚礼貌地接待好上门的意向客户。

（2）到其他及周边城市对手商场收集客户资源。

（3）通过与客户间经常性的联络互动，及时了解行业的相关动态。

三、相关招商资料的准备

（1）招商手册和招商说明书。

（2）委托经营合同（代为管理）、授权委托书。

（3）招商委托书。

（4）招商流程表。

（5）招商文案。

四、招商方式

（1）项目招商发布会。

（2）项目推介洽谈会。

（3）登门拜访（目标自荐）。

（4）网络招商。

（5）电话联系。

（6）面对面沟通。

（7）行业协会、政府机构。

（8）媒体招商。

五、提升商场出租率、稳固商场现有的好品牌同时引进其他上档次的品牌

（1）结合行业实际情况，更多地了解及引进家居市场上档次的主流品牌，尽可能稳定商场现有的好品牌，同时形成错位经营的稳定发展态势。

（2）相关工作及时与领导及相关部门之间取得沟通，确保工作无误。

××年招商部将全力以赴的去努力，去奋斗，去实现商场招租率在竞争中稳步提升发展。

第五节　广告

一、定义

　　广告，即广而告之之意。广告是为了某种特定的需要，通过一定形式的媒体，公开而广泛地向公众传递信息的宣传手段。广告有广义和狭义之分，广义广告包括非经济广告和经济广告。非经济广告指不以盈利为目的的广告，又称效应广告，如政府行政部门、社会事业单位乃至个人的各种公告、启事、声明等，主要目的是推广；狭义广告仅指经济广告，又称商业广告，是指以盈利为目的的广告，通常是商品生产者、经营者和消费者之间沟通信息的重要手段，或企业占领市场、推销产品、提供劳务的重要形式，主要目的是扩大经济效益。

二、特点

　　广告不同于一般大众传播和宣传活动，主要表现在以下5点。

　　（1）广告是一种传播工具，是将某一项商品的信息，由这项商品的生产或经营机构（广告主）传送给一群用户和消费者。

　　（2）做广告需要付费。

　　（3）广告进行的传播活动是带有说服性的。

　　（4）广告是有目的、有计划，是连续的。

　　（5）广告不仅对广告主有利，而且对目标对象也有好处，它可使用户和消费者得到有用的信息。

三、要素

　　以广告活动的参与者为出发点，广告构成要素有：广告主、广告公司、广告媒体、广告信息、广告思想和技巧、广告受众、广告费用及广告效果。

　　以大众传播理论为出发点，广告信息传播过程中的广告构成要素主要包括：广告信源、广告信息、广告媒介、广告信宿等。

【范本】▶▶▶ ---

商场超市广告语

　　（1）甜蜜美味皆在东方，美名早已传遍津城——东方商业大厦。

　　（2）江南江北精品荟萃，工商携手比翼齐飞——淄博新世纪精品商场。

（3）到"南洋"，喜洋洋；喜洋洋，到"南洋"——南洋商场。

（4）中原之行哪里去，郑州亚细亚——郑州亚细亚。

（5）只要客到"四同"，无须货比三家——四同百货。

（6）南风南巡樱花绽——昆明樱花购物中心。

（7）何日君再来，再到金利来——昆明金利大厦。

（8）走进华联，物美价廉！

（9）杭州百货大楼：百分之百为大家。

（10）相约经典就在连卡佛！

（11）聚四面八方货物，供千家万户需求。

（12）铁百买金，终身放心！

（13）比承诺做得更好！——时尚金鹰。

（14）新的都时尚——海雅百货。

（15）全新全意为人民服务！（岁宝百货）

（16）把万佳带回家。（万科万佳）

（17）天虹商场：一点一滴的关怀！

（18）引领时尚，缔造经典——珠海扬名广场。

（19）真诚服务每一天！（茂业百货）

（20）大洋百货：领导流行，展现品位；诚信至上，值得信赖；服务品质，顾客至上。

（21）东方商厦：礼在东方。

（22）New Arraval，New You——台湾 The Mall。

（23）购物休闲初体验——上海港汇广场。

（24）东方新天地，新鲜每一天。

（25）最 IN 最 FUN 唧购物中心——香港千色广场。

（26）天富佳：购物天富佳，实惠你我他。

（27）青岛国货：购物在国货，开心每一天。

（28）百盛：尽如您意。

（29）皇朝家具：经常被模仿，从未被超越！

（30）与您携手，改变生活。（华润万家）

（31）西安民生：诚招天下客，情从民生来。

（32）好又多就是便宜——好又多。

（33）华银旺和，财旺人和。

（34）你家我家，购物还是新一佳。

（35）好又多敞开便利之门，万里传送真情——湖南邵阳万里购物广场。

（36）东百商场：东方人的本色，百姓家的向往！

（37）新生活，兴万家。

（38）今天，从华地百货开始。

（39）百盛：百盛给您多一点。

（40）丽日，您永远的朋友！

第六节　启事

一、定义

启事是指将自己的要求，向公众说明事实或希望协办的一种短文，属于应用写作研究的范畴，通常张贴在公共场所或者刊登在报纸、刊物上，机关、团体、企事业单位和个人都可以使用。

二、特点

具有公开性、广泛性、实用性、随意性的特点。

三、分类

按其内容，启事可分为不同类型，主要有招生启事、寻物启事、招聘启事、挂失启事、征集启事、征婚启事、庆典启事等。

四、结构

启事一般由三部分组成，如图5-3所示。

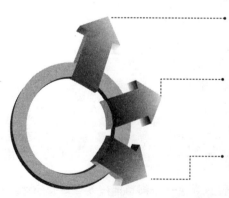

标题主要由启事的内容决定，如"招聘启事"，名称字体应大于正文字体，居中排写

正文的内容一般包括目的、意义、原因、要求、特征、待遇、条件等，即要向大家说明的情况

署名即启事者的落款和启事日期，署名如果是单位，最好盖上公章

图5-3　启事的结构

【范本】▶▶▶--

商场的启事

广播找人

现广播一则寻人启事。

（1）××小朋友听到广播后，请速到一楼服务台，你的××在等你。

（2）来宾××先生（小姐），请您听到广播后，速到×层×区×号，有人正在等候您。感谢您光临本商场。谢谢！

寻物启事

有哪位来宾朋友及员工，拾到××（物品）。请您听到广播后，速到服务台与我们联系，失主非常着急，在这里，我们代失主向您表示感谢，谢谢！

失物招领

（1）亲爱的顾客朋友，大家好！

哪位顾客朋友遗失了××，请您听到广播后，速到一楼服务台领取。××时尚广场欢迎您的光临。谢谢！

（2）亲爱的顾客您好，工作人员拾到××，请失主速到一楼服务台认领，谢谢！

移车位

请顾客朋友中的驾驶员朋友注意了：请车牌号为××××的驾驶员配合我商场的保安人员移动一下车位。

谢谢合作！

故障发生（停电时）

亲爱的顾客朋友，你们好！

欢迎光临××时尚广场，由于商场供电线路出现故障，导致停电。请大家不要慌张，留在原地，保持镇定，也请您照顾好身边的老人和小孩，我们的工作人员将会尽快处理故障，不便之处敬请谅解。××时尚广场全体员工衷心感谢您的光临。谢谢！

【范本】▶▶▶--

××商场超市招聘启事

本商场于近日筹备开业，急需招聘收银、理货人员15名，具体要求如下。

（1）吃苦耐劳，有责任心。

（2）学历：高中以上。

（3）工作时间：半天班、全天班。

（4）年龄：男23～40岁，身高165厘米以上；女23～35岁，身高155厘米以上。

（5）薪资待遇面议。

（6）工作地点：××××××××。

联系人：××

××年××月××日

【范本】▶▶▶

商场营业员招聘启事

因业务发展需要，××省××集团公司××市分公司特向社会公开招聘营业员若干名，具体要求如下。

一、招聘范围

××市区及乡镇的待业人员。

二、招聘条件

（1）年龄25周岁以下，身高1.60米以上。品貌端正、亲和力强、身体健康、遵纪守法。

（2）大专及以上文化程度。

（3）音质条件好，普通话标准，口齿清楚。

（4）有较强的文字、语言表达能力和沟通能力。

（5）了解××地域基本情况，具有一定的计算机文字输入能力。

（6）具有良好的心理素质及营销服务潜质。

（7）有相关工作经验的成熟人才优先。

三、用工性质

为××市劳动保障事务代理中心合同制员工，派遣至××省××集团公司××市分公司。

四、待遇

工资报酬按照用工单位派遣制员工薪酬管理办法执行。享受养老、医疗等五大保险及公积金。

五、报名方式

应聘者请将本人简历（请写明联系电话）、身份证复印件、失业证复印件、学历证书复印件及一寸照片一张，于3月15日前寄至××市××路1号××

实业集团公司××市分公司综合办905室收。

联系电话：

××商场

××年××月××日

【范本】▶▶▶

果蔬采购专员招聘启事

公司名称：××超市。

招聘职位：果蔬采购专员。

职位月薪：4001～6000元/月。

工作地点：××。

发布日期：××年××月××日。

工作性质：全职。

工作经验：不限。

最低学历：大专。

招聘人数：4人。

职位类别：采购专员、助理。

工作时间：14:00～24:00（休息日不固定，每周轮休2天）。

岗位职责如下。

（1）每日检查邮件，收集各店的订单并汇总。

（2）按照各门店的需求进行批量采购。

（3）检查并核对最终门店的最终送货量。

（4）跟踪商品的售价和毛利。

（5）校核门店送货量的实际差异并解决。

（6）采购最优的、物有所值的商品供门店销售。

岗位要求如下。

（1）大专以上学历。

（2）熟悉蔬菜的季节性和相关法律法规。

（3）了解蔬菜农产品的相关特性（运输、存储、销售），对蔬菜批发市场采购流程有一定认识。

（4）熟悉超市的基本运作流程。

（5）对数据敏感。

（6）基本的电脑操作和办公软件应用熟练。

（7）能长时间适应轮班工作。

第二部分
讲稿撰写

第六章　商场超市领导讲稿撰写

第一节　商场超市讲稿撰写基本知识

一、商场超市领导讲稿的概念

所谓领导讲稿，就是领导者为实施领导，在各种会议上所做的指示性发言。那么商场(超市)领导讲稿，当然也就是指商场(超市)领导人在各种会议或者重要场合所做的带有指示或指导性讲话时所用的文稿。商场超市领导讲稿是商场超市领导者从事领导管理活动的重要载体和手段。

二、商场超市领导讲稿的类别

商场超市领导讲稿是领导参与公务活动的一种方式，是实施领导职能的重要途径。在某些场合，领导即兴讲话，不需要讲稿，但在正式场合，为了提高讲话质量，需要事先拟写好讲稿或讲稿提纲。由于领导公务繁忙，一般需由文秘人员代拟讲稿。撰稿人首先要了解的便是领导讲稿的类别。

商场超市领导讲稿依据不同的场合、对象和用途，可以分为3类22种。

1. 会议类讲稿

会议类讲稿这是领导讲稿中数量最多、比重最大的一类。平时所说的领导讲稿，主要是指这一类。这一类讲稿主要分为14种，如图6-1所示。

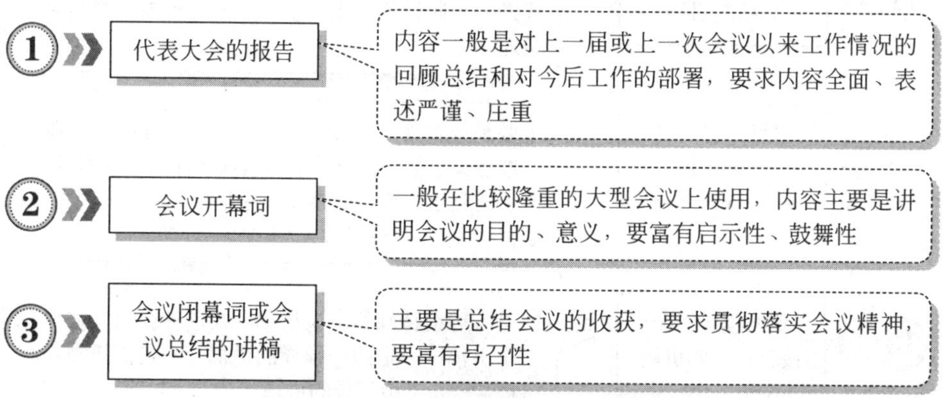

①	代表大会的报告	内容一般是对上一届或上一次会议以来工作情况的回顾总结和对今后工作的部署，要求内容全面、表述严谨、庄重
②	会议开幕词	一般在比较隆重的大型会议上使用，内容主要是讲明会议的目的、意义，要富有启示性、鼓舞性
③	会议闭幕词或会议总结的讲稿	主要是总结会议的收获，要求贯彻落实会议精神，要富有号召性

图6-1

④ ➤➤ 工作会议的讲稿 — 根据既定的会议内容讲对某一项或几项工作的要求，要讲得鲜明、透彻、实在

⑤ ➤➤ 动员会议的讲稿 — 主要讲进行某项工作的意义和方法，要讲得入情入理、振奋人心、鼓舞斗志

⑥ ➤➤ 庆功会、表彰会的讲稿 — 主要是概括、总结、肯定受表彰单位或个人的成绩和经验，对其进行表彰、鼓励，对与会人提出学习、推广的要求，要富有激情和感召力

⑦ ➤➤ 庆祝会、纪念会的讲稿 — 根据庆祝、纪念的主题，立足现实，回顾历史，展望未来，要讲得客观、准确、实际

⑧ ➤➤ 专题报告会的报告 — 如学习理论心得报告、外出考察报告等，内容要有厚度、深度，给人以启示和借鉴

⑨ ➤➤ 碰头会、汇报会的讲稿 — 根据碰头、汇报的情况，肯定成绩，针对存在的问题或薄弱环节，有针对性地强调一方面或几方面的工作，要有具体要求，有力度

⑩ ➤➤ 现场会、经验交流会的讲稿 — 充分运用与会人员看到和听到的先进事迹和经验，进行深入分析和总结，要求学习、推广，促进工作，要有较强的说服力、号召力

⑪ ➤➤ 研讨会、座谈会总结的讲稿 — 根据与会人员发言情况进行总结，并提出改进工作或进一步研讨的意见、要求，要有较强的概括力和条理性

⑫ ➤➤ 综合性会议上的专题讲稿 — 主要是分管某一条战线、某一方面工作的领导在综合性会议上就自己分管的战线或工作讲情况和意见，要主题突出，富有指导性、参考性，要讲"实"，不要讲"虚"，要讲"适"，不要讲"过"

⑬ ➤➤ 在新旧领导工作交接会议上的讲稿 — 这是一种很特殊的会议讲稿，在这种会议上往往有三个讲稿，一是卸任领导的讲稿，一是接任领导的讲稿，一是上级领导的讲稿

在各种邀请会、协作会、联席会上的讲稿 —— 这也是一种比较特殊的会议，这种会议面对的不是下级，而是外地、外部门的客人，作为东道主发表讲话，要对客人表示欢迎，对本地、本部门的情况作一简介，还要讲会议的目的和议程，要讲得诚挚、热情、实在

图6-1　会议类讲稿

2. 宣传类讲稿

宣传类讲稿是出于宣传某种主张、某项工作、某件事情的目的，在非会议场合的讲稿，主要分为以下4种，如图6-2所示。

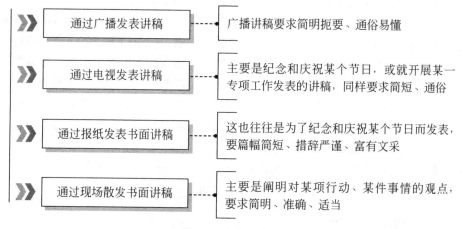

图6-2　宣传类讲稿

3. 礼仪类讲稿

礼仪类讲稿是出于感谢、答谢、慰问、庆贺等目的，在各种非会议仪式、场合的讲稿，主要分为4种，如图6-3所示。

第一种 —— 签约仪式上的讲稿，这种讲稿主要是对所签合作契约予以积极评价，对合作方表示感谢，对合作事项充满信心、寄予厚望，要简短、礼貌

第二种 —— 接见、会见讲稿，接见下级单位的代表并发表讲稿，主要是表示某种褒奖、慰问和鼓励，会见客人，主要是表示友好和友谊，要简短、亲切

图6-3

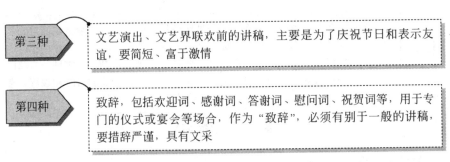

第三种　文艺演出、文艺界联欢前的讲稿，主要是为了庆祝节日和表示友谊，要简短、富于激情

第四种　致辞，包括欢迎词、感谢词、答谢词、慰问词、祝贺词等，用于专门的仪式或宴会等场合，作为"致辞"，必须有别于一般的讲稿，要措辞严谨，具有文采

图6-3　礼仪类讲稿

以上分类，主要是从讲稿的场合、对象、用途的不同而划分的。对于领导讲稿的种类，还可以从其他不同的角度来划分。比如，从讲稿方向的角度来划分，分为下行、平行、上行三类。下行讲稿即指对下级的讲稿；平行讲稿即指那些礼仪性的讲稿，如向兄弟单位介绍情况和经验的讲稿，在邀请会、协作会上的讲稿等；上行讲稿即某一级领导向上级领导汇报工作的发言，这对于上级来说显然不能算领导讲稿，但对于本级秘书人员来讲，则是需要自己帮助起草和整理的"领导讲稿"。从讲稿的内容来划分，可以分为总结性讲稿、部署性讲稿、号召性讲稿、辅导性讲稿、应酬性讲稿等多种。从讲稿的规范与否来划分，还可以分为规范性讲稿、非规范性讲稿（其他讲稿）或正式讲稿、非正式讲稿等。怎样分类并不重要，重要的是要针对不同讲稿的内在需求，把握住它们的基本风格和特点，使自己写出的讲稿具有强烈的"文体感"，起到"以文辅政"的作用。

三、领导讲稿的作用

各种不同种类的领导讲稿有共同的普遍效用，又有其各不相同的特殊效用。撰写领导讲稿，首先要知道领导要讲什么，需要什么效果和作用，清楚了这一点，讲稿的撰写才会有明确的目标，有了明确的目标，在撰写工作中才能具有较强的自觉性、针对性、主动性和科学性，减少和避免盲目性和不确定性。

总的来讲，各种领导讲稿的作用如图6-4所示。

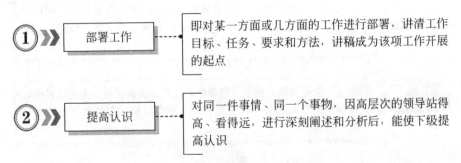

① 部署工作　即对某一方面或几方面的工作进行部署，讲清工作目标、任务、要求和方法，讲稿成为该项工作开展的起点

② 提高认识　对同一件事情、同一个事物，因高层次的领导站得高、看得远，进行深刻阐述和分析后，能使下级提高认识

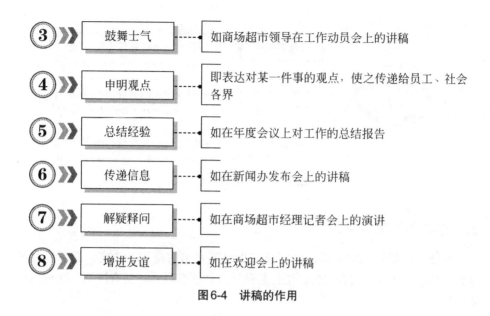

图6-4 讲稿的作用

四、领导讲稿的结构

领导讲稿的结构分外在结构和内部结构。

1.外在结构

领导讲稿的外在结构由标题（包括讲稿者姓名、讲稿时间）、称谓、开头、正文、结尾几部分构成。

2.内部结构

领导讲稿的内部结构主要由层次、段落、过渡、照应等要素构成。

（1）层次。层次是指讲稿内容的划分和安排次序，是作者认识和表达问题思维进程在文稿中的反映。领导讲稿的层次安排一般按为什么开展这项工作、如何开展这项工作、怎样才能保证搞好这项工作的思路构成大的结构框架，然后再围绕大的结构，提出第二层次和第三层次的结构和内容。

（2）段落。段落指讲稿思路内容在表达时，由于转折、强调、间歇、整齐等原因造成的文字停顿，通常称为"自然段"。划分段落要注意段落的单一性、完整性、匀称性、特殊性、联系性。

（3）过渡。过渡即上下段落、前后层次的连接和转换。一般情况下，一篇成功的讲稿都要通过段落过渡、句子过渡、词语过渡、标题过渡等方法，使讲稿结构上下贯通、前后衔接，以便听众的思路跟上讲稿者的思路。

（4）照应。照应指讲稿内容前后呼应、互相关照、互相联系。常用的照应方法有3种，具体如图6-5所示。

图6-5　常用的照应方法

五、与其他公文的异同

　　领导讲稿属于公文范畴，它同我们平时所发出的决议、决定、指示、意见、通知等其他公文以及调查报告、工作总结等文体既有联系，又有区别，既有共性，又有个性。

　　讲稿与其他公文的异同表现在四个方面，如图6-6所示。

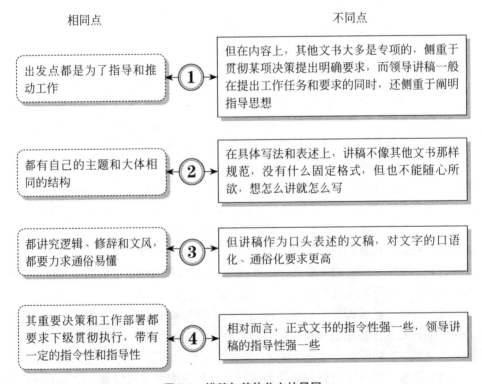

图6-6　讲稿与其他公文的异同

第二节　商场超市领导讲稿写作流程

商场超市领导讲稿的撰写主要有8个步骤，如图6-7所示。

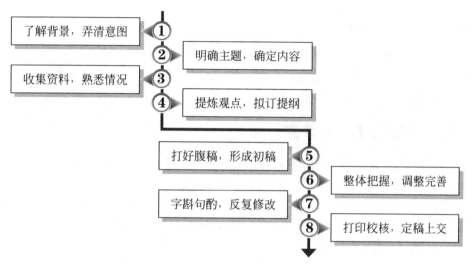

图6-7　商场超市领导讲稿撰写步骤

步骤一：了解背景、弄清意图

商场超市领导讲稿都有其背景和意图。在撰写领导讲稿之前，撰稿人一定要把背景和意图弄清楚。

1.讲稿写作背景

要了解的背景包括大、中、小3个方面，如图6-8所示。

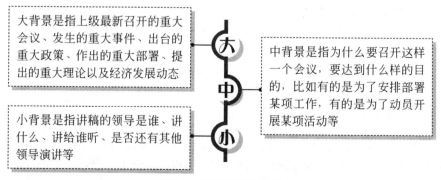

大背景是指上级最新召开的重大会议、发生的重大事件、出台的重大政策、作出的重大部署、提出的重大理论以及经济发展动态

中背景是指为什么要召开这样一个会议，要达到什么样的目的，比如有的是为了安排部署某项工作，有的是为了动员开展某项活动等

小背景是指讲稿的领导是谁、讲什么、讲给谁听、是否还有其他领导演讲等

图6-8　领导讲稿的背景

2.讲稿写作意图

弄清意图就是要弄清讲稿的领导对这次会议、这项工作有什么具体的想法和要求，比如是想通过肯定成绩，鼓舞士气、推广经验、促进工作，还是想找出问题，加压鼓劲、采取针对性的措施推动工作等。

在弄清了背景和意图的基础上，再确定讲稿的类型和基调。

步骤二：明确主题、确定内容

任何会议都有一个明确的主题。实践中，有的会议主题是由领导集体或领导个人确定的，有的则需由文秘人员来确定。主题一旦确定，就要始终突出这个主题，围绕这个主题来安排内容、组织材料。

步骤三：收集资料、熟悉情况

撰稿人不可能对每一项工作都了解、都熟悉，这就要求我们在起草领导讲稿之前，广泛收集资料，尽可能的熟悉情况。

这里讲的"资料"，是指起草者为着既定的起草目的，从各方面搜集、摄取并写入讲稿之中的事例、知识或论据，是构成讲稿的材料。讲稿中常用的资料，大体上有3类，如图6-9所示。

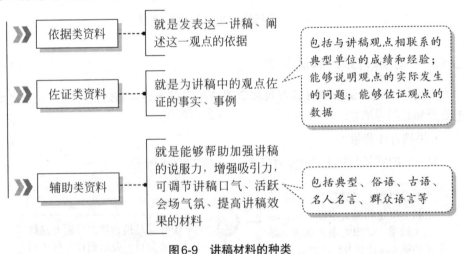

图6-9　讲稿材料的种类

步骤四：提炼观点、拟订提纲

讲稿的观点，就是讲稿人通过讲稿所表达的看法或主张。实际上，讲稿的主题思想也是观点，是这一讲稿的"大观点"。一篇讲稿有了大观点，还要有与之相配套的中观点、小观点。

锤炼观点是撰写讲稿的关键。锤炼出了观点，再对观点进行整体安排与组合，就形成了写作提纲，这样，讲稿的撰写就完成了一大半。

这里要注意3个问题，如图6-10所示。

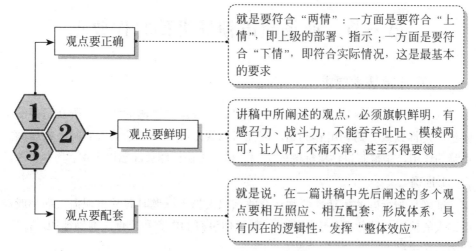

图6-10　提炼观点注意的问题

步骤五：打好腹稿、形成初稿

撰写领导的讲稿，更需要冷静、细致，不管任务有多急、有多重，都不能盲目，而应该先想好每一块要表达一个什么中心意思，从哪里切入、到哪里收尾，要用几句什么关键性的话等，一定要先打好腹稿以后再下笔，只有这样，才能写得顺畅，一气呵成。

步骤六：整体把握、调整完善

不管初稿由一人写成，还是由多人写成，这都是一个十分重要的环节。就是要通读初稿，然后从整体上感觉和判断：主题和重点是否突出；逻辑和层次是否清晰；措施和要求是否到位；详略和篇幅是否恰当等。在此基础上，进行调整、补充及删减，完善材料。

步骤七：字斟句酌、反复修改

如果说前一个环节是从总体上、从大的方面对材料进行修改的话，那么这一环节就是从细微之处进行润色和加工。

修改内容包括：语言风格、词句使用、修辞标点、段落安排、字体设置等。要通过这一环节的精雕细刻，使材料在外在表现上上一个层次。

步骤八：打印校核、定稿上交

在检查无误之后，进行校对，然后交给领导审核。

第三节　商场超市领导讲稿写作要点

一、拟写标题基本要求

领导讲稿的标题是给听众的第一印象。一篇洋洋洒洒的稿子，听众记得的可能也就是标题或一两句出彩的话，因此可以说，标题是讲话稿的眼睛，极尽画龙点睛的作用，是拟制讲话稿标题的宗旨。拟写讲稿标题要注意以下4个基本要求。

1.准确

准确是指标题的概括性要强。有的撰稿人拟写标题时容易出现盖大锅小或盖小锅大的情况，因此在确定标题时，要抓住讲稿的内容和要点，准确地加以提炼，使之题文相符。

2.规范

规范指标题的拟订要合乎领导讲稿的格式要求，根据不同类型的讲话确定不同类型的标题，尤其是公开发表的领导讲稿的标题，更要注重规范。如本来是部署工作的讲话稿，你却用提问式的标题，就显然是标题不对文了。规范还要讲究整齐、工仗、对称，不能有的很长，有的很短，更不能一个标题是叙述式的，另一个标题又是目录式的。

3.醒目

醒目即指领导讲稿的标题应具有鲜明的揭示主旨的作用，不抽象模糊，力求有鲜明特色，有很强的感染力。

4.精练

精练即指领导讲稿的标题应凝练概括、言简意赅、概括精要。一些同志写讲话稿时，标题写得很长，甚至大句子套小句子，这样就显得拖泥带水。我们提倡标题越短越好，越精练越醒目。

二、撰写讲稿的三点要求

1.避免雷同

领导者参加会议应邀讲话，常常会遇到多位领导人讲同一个问题，如果在这种情况下再重复讲，势必使听众失去兴趣，会场将产生无人关注的局面。撰稿人应预先考虑到这一点，在避免雷同上下功夫，使领导讲稿既全面又独特，紧紧抓住观众，收到好的效果。

一般说来，撰稿人可以在以下4个方面下功夫，具体如图6-11所示。

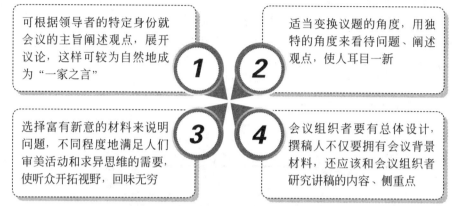

1 可根据领导者的特定身份就会议的主旨阐述观点，展开议论，这样可较为自然地成为"一家之言"

2 适当变换议题的角度，用独特的角度来看待问题、阐述观点，使人耳目一新

3 选择富有新意的材料来说明问题，不同程度地满足人们审美活动和求异思维的需要，使听众开拓视野，回味无穷

4 会议组织者要有总体设计，撰稿人不仅要拥有会议背景材料，还应该和会议组织者研究讲稿的内容、侧重点

图6-11　如何避免讲稿雷同

避免重复的方法有很多，需要撰稿人预先着手，多角度展开同一主题下的不同论述，以使领导讲稿独具色彩而富有成效。

2.独树风格

领导讲稿最忌千篇一律地发表意见，平淡无奇。领导者的讲稿只有突出个性，才能够紧紧地抓住听众，引起听众强烈的共鸣，从而使讲稿化作听众的意愿和自觉行动，成为促进工作目标实现的强大动力。

讲稿应具有其独特的风格，或真挚细腻，或警喻深刻，或文采飞扬。撰写领导讲稿，不应拘于一章一法的限制和束缚，应随讲稿的内容和场合而随时变化，不仅要逻辑严明、思路清晰，而且要生动活泼、文采盎然，这样可使讲稿更富有生气，富有感染力、号召力。

3.适当调剂

由于会议不同，领导的讲稿有长有短，如果是遇到长一些的讲稿，一般来讲与会者会感到疲劳，精力往往不会像开始那样集中，特别是到会议最后，主要的东西已经讲完，听众的情绪开始松弛下来，以至台上开大会，台下开小会，这样，讲稿就需要调剂情绪和气氛了。对这一点，撰稿人也要预先考虑到，适当在较长的讲稿中增加一些"调剂品"，激发听众的情绪和注意力。运用即兴调剂要因领导讲稿的内容而变化，因听众不同而变化，有时用在开头，有时用在中间，有时用在结尾。

讲稿即兴调剂是领导者机智灵活的表现，能够很好地借鉴使用调剂艺术将使领导讲稿自始至终保持活力，富有吸引力。

三、撰写讲稿的四个不能

撰写讲稿时，一定要注意以下4个方面。

1.不能面面俱到、过于求全

我们通常过分追求完整性，生怕不全面、不系统，生怕分量达不到。解决这一问题，就是要统筹兼顾、突出重点。无论什么场合的讲稿，它的容量总是有限的，想把每个问题都讲到，讲得很充分、很新颖难以做到，能在几个问题、几个观点上有所突破，讲出点新意来，给人以较大的启发，就很好了。

2.不能大而空、过于理性

这主要表现在3个方面，如图6-12所示。

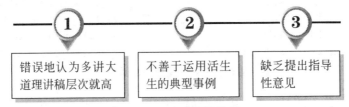

图6-12　3个方面的表现

一般来讲，领导的讲稿思想性、理论性较强，越是高层次的领导越是如此。讲稿中，主题、观点是灵魂，而事实是血肉，离开鲜明、生动的事实，讲稿就会成为空洞、苍白的说教。

3.不能老生常谈、过于求稳保险

对这个问题，要注重从两个方面下功夫。

第一，要善于赋予老问题新的内容和特点。现实生活和工作实践中，问题的老和新是相对的，而且往往交织在一起，可以说老中有新、新中有老。不少问题，过去有，现在有，将来也会有；许多话题，过去强调，现在强调，将来还要强调。因此，我们要注重和善于"老题新作"，把功夫下在新老的结合上。

第二，要善于发现新问题，探讨新思路、新办法。

事物是不断发展变化的，要做到这两条，不仅要有意识地加强思想锻炼，还要深入实际。

4.不能居高临下、过于生硬说教

领导讲稿是给人听的，首先要让人有认同感，讲稿时领导的表情、语气和态度，与会者的情绪和反应，均可在同一时刻显示出来。特别重要的，就是要讲得人心的话，要适应与会者的心理特点，尊重与会者的兴趣爱好，努力把话讲到与会者的心里去。要以心换心，多讲交心话、真心话、热心话、关心话，即使是提出批评意见，也要以理服人，以情感人。

四、撰写讲稿的材料准备

素材是写作的基础，讲稿的撰写是要建立在素材充分的基础上，实际上是对素材的归纳、消化、加工和升华的过程。搜集素材有两个含义，一个是要有众多的文本材料，另一个就是平时多注意思考，进而形成有独特见解的观点群。

1.平时收集分析材料

收集材料，就是掌握素材，包括综合情况、重要数据、生动事例及重要思想观点。有时积累的一些材料可能平时用不上，但在关键时候就可能用上一个观点、一个事例、一句话。

收集材料途径有3个，如图6-13所示。

途径一 调查研究，取得第一手现实材料

特别是写"讲稿"、"意见"、"规划"时特别需要这样的依据，要客观地倾听，平等地讨论，适当地提问，注意点面情况的结合，对调查的材料要做必要的核实

途径二 广开"材"源，积累第二手材料

即收集一些与所写公文有关事物的变革情况，以便分析其发展变化，作出正确的分析判断，提出有见解的观点，报纸、文件、会议材料、信息、简报等与自己工作有关的材料，都可及时记下来，分门别类，积累起来，用时非常方便

途径三 有备无患，储备基础材料

积累一些与文稿写作有关的公文，包括法规、政策、文件、讲稿、纪要等，甚至收集一些古今中外的精辟议论，作为形成文稿观点和进行综合分析的依据，或直接引证所用

图6-13 收集材料的途径

2.系统思索储蓄观点

好文章要有真知灼见，那就要在思想认识上达到一定程度，形成观点并有较强的逻辑线索之下才能形成。观点问题实际上就是对客观事物的分析认识得出的结论，是在认识客观事物运动规律的前提下如何结合实际去有针对性地认识问题、揭示问题、解决问题的思路。

所谓储备观点，就是讲要注意积累一些有战略性的思想，有备无患，需则用之，否则现学现卖、现想现卖，很难写好讲稿。

第七章　商场超市日常讲稿撰写

第一节　商场超市讲稿的艺术性

商场超市日常讲稿如何把握撰写的艺术非常重要，主要表现在以下3个方面。

一、鲜明的主题

主题是讲稿内容的灵魂和纲领，是讲稿成败的关键所在，无论写什么内容，主题必须鲜明。领导讲稿更要突出强调与领导思想、观点和工作意图的一致性。

商场超市领导的意图应该是讲稿的主题，有关中心内容写好、基本观点、主要事例等，都要以贯彻领导意图为核心。也就是说，提炼和确定主题，是写好讲稿的首要前提。

二、体现风格特征

讲稿的风格特征主要取决于商场超市领导本身的特点。不同领导，由于其在身份、经历、语言、性格、素质等个性特点方面的差别，所以讲稿的风格也不一样。

1.身份特点

决定领导身份特点的因素一般有3个，如图7-1所示。

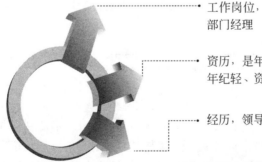

- 工作岗位，领导是总裁，还是总经理、部门经理
- 资历，是年龄大、资历深的领导，还是年纪轻、资历浅的领导
- 经历，领导是"基层"出身，还是空降

图7-1　决定领导特点的因素

身份不同，讲稿的内容、口气、表达方式也有区别，在撰写讲稿时需要特别注意。

2.语言特点

这是最能反映领导讲稿风格的一个重要方面。一般情况下，领导的语言特点主要有4种，如图7-2所示。

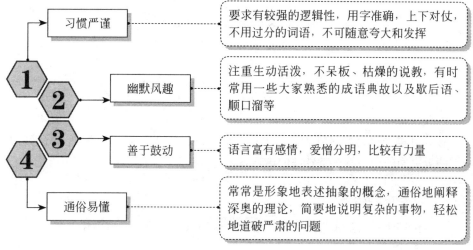

图7-2 领导的语言特点

3.性格特点

不同领导有不同的性格，不同性格的领导讲话风格差异很大，那么讲稿也要有不同的风格。比如，有的领导性格直爽，讲稿干练、果断、坚决，简洁明快，那么讲稿适用短话、直话、硬话。有的领导性格细腻，讲话习惯具体详尽，那么讲稿就要多引用详细的数据和事例，语句也要长一点、软一点。

4.素质特点

主要指领导的思想水平和文字能力。

三、新意和深度

正确处理求全、求实与求新、求深的关系，使讲稿具有新意和深度，如图7-3所示。

讲稿的"新"，主要包括主题新、观点新、素材新、结构新和语言新，领导讲稿应当结合新形势、新任务，解决新问题；引进新成果、新经验，发表新见解；针对新对象、新需求，确定新重点；使用新语言、新方法，讲出新特色

图7-3

讲稿的"深",主要指有"思想",就是对问题有深刻见解,透过现象抓住并深刻剖析事物的本质,给人们的思想以极大的启迪和震动

图7-3　领导讲稿的新意和深度

第二节　商场超市讲稿语言艺术

领导讲稿的语言既区别于正式书面文件,又区别于一般的口头随意交谈,是介于两者之间的一种具有特殊性的语言。

一、讲稿语言的基本特点

领导讲稿语言的基本特点可以概括为"两通"、"一短"、"口语化"。

1."两通"

"两通"的含义如图7-4所示。

讲稿往往是靠人的听觉接受的,所以,要听讲人听清楚、听明白,语言就要通俗易懂,不用生僻怪异、晦涩难懂的词语和术语,引用古语典故要注意听讲对象和语言环境,要使人能够理解

通俗

通顺

要做到文从字顺,语言通达,读起来上口,听起来入耳,不要用那些字面上虽能讲得通,但读起来拗口、听起来别扭的语言

图7-4　"两通"的含义

2."一短"

"一短"就是指句子要短,这也是从人的听觉习惯考虑的。并不是说全部要用短句,但长句一定要少用,尤其不要用那种一口气读不完的长句。句子长了,容易听不清、连不上,产生误解,还容易使听讲人生厌。

3."口语化"

领导讲稿语言要通俗易懂,要多用口语,但通俗中要有庄重、高雅,不能全部用口语。领导讲稿既要有口语的自由、灵活、简短,又要有书面语的规范、缜密、严谨。

二、讲稿撰写语言的新意

领导讲稿的新意，包括主题的新意、观点的新意、结构的新意，但其根本是语言的新意。因为语言是思维的工具，是思想的直接体现，是主题、观点的物质承担者。讲稿内容的新意要通过语言的这一形式来传递、感受、领悟。

1.领导讲稿语言出新的体现

出新是对商场超市领导讲稿的基本要求，也是最高要求，领导讲稿的出新，可以通过以下方面来体现，如图7-5所示。

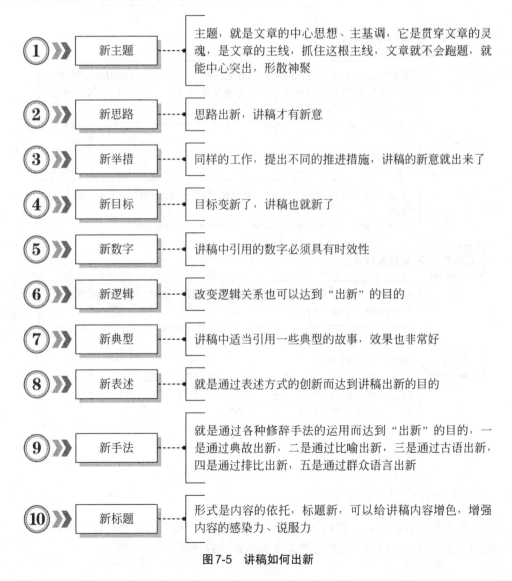

① 新主题 —— 主题，就是文章的中心思想、主基调，它是贯穿文章的灵魂，是文章的主线，抓住这根主线，文章就不会跑题，就能中心突出，形散神聚

② 新思路 —— 思路出新，讲稿才有新意

③ 新举措 —— 同样的工作，提出不同的推进措施，讲稿的新意就出来了

④ 新目标 —— 目标变新了，讲稿也就新了

⑤ 新数字 —— 讲稿中引用的数字必须具有时效性

⑥ 新逻辑 —— 改变逻辑关系也可以达到"出新"的目的

⑦ 新典型 —— 讲稿中适当引用一些典型的故事，效果也非常好

⑧ 新表述 —— 就是通过表述方式的创新而达到讲稿出新的目的

⑨ 新手法 —— 就是通过各种修辞手法的运用而达到"出新"的目的，一是通过典故出新，二是通过比喻出新，三是通过古语出新，四是通过排比出新，五是通过群众语言出新

⑩ 新标题 —— 形式是内容的依托，标题新，可以给讲稿内容增色，增强内容的感染力、说服力

图7-5　讲稿如何出新

2.领导讲稿如何出新

那么，领导讲稿怎样"出新"呢？可以考虑以下5种途径，如图7-6所示。

途径一　转换论述方式

因为领导讲稿的一个普遍现象是承上启下，往往上级开了什么会，上级领导讲了什么话，下级也要开个类似的会，下级领导也要讲类似的话，这样就必须避免"下抄上""如法炮制"的问题

途径二　进行具体分析

不是一般地、笼统地讲问题，而是展开讲，对问题及其原因进行具体分析，进行具体分析的语言，绝不可能是照抄来的语言，因此就很有可能产生出富有新意的语言

途径三　提出新的要求

就是根据具体情况提出新的、具体的要求，而这种新要求本身就是新语言

途径四　采用修辞方式

在讲稿中适当采用比喻、借代、排比、对仗、幽默、警句等修辞方式，也会达到"出新"的效果

途径五　组合、创造新的词汇

组合、创造新的词汇要注意，一定要出之有理，出之自然，不能生造那些半通不通，使人似懂非懂、受之勉强的所谓"词汇"

图7-6　讲稿如何出新

三、领导讲稿语言的形式美

形式是内容的依托。讲稿语言的形式美可以给讲稿内容增色，增强内容的感染力、战斗力。讲稿语言的形式美有很多，如图7-7所示。

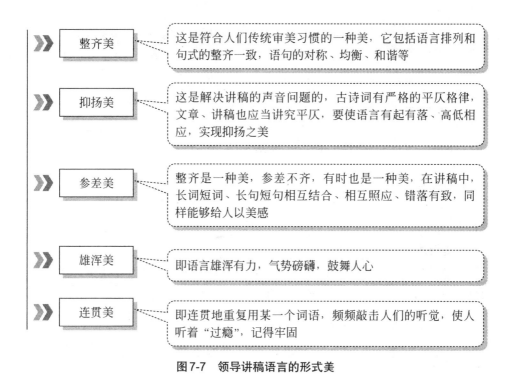

图7-7 领导讲稿语言的形式美

第三节 商场超市讲稿的布局艺术

一、讲稿的布局形式

一般来讲，领导讲稿可分为五部分，即标题、称谓、开头、主体、结尾。需要重点研究的是它的主体部分，其主体部分通常又具有以下3种结构形式。

1.板块式

板块式即分为几个板块，具体讲又有5种不同情况，如图7-8所示。

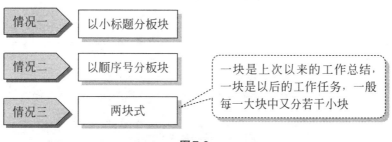

图7-8

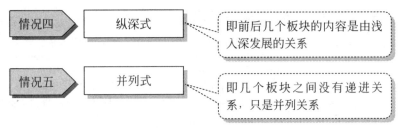

图7-8　板块式的几种情况

2.自然式

自然式即讲稿不分板块，只分若干个自然段，多数是依照内容的逻辑关系来安排的。

3.提纲式

提纲式即像列提纲那样，在一篇讲稿中讲多个问题，每个问题开头有一个主题句，每个问题的篇幅都很简短。

二、讲稿结构形式的选择

以上所讲的多种结构形式，用哪一种，要从5个方面考虑，如图7-9所示。

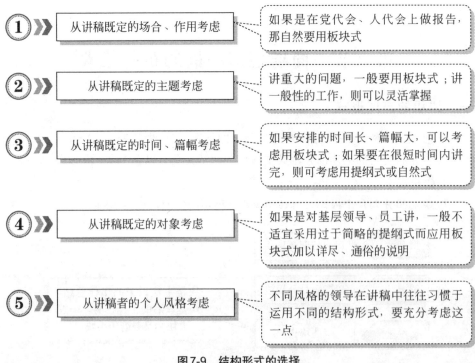

图7-9　结构形式的选择

第八章　商场超市讲话类文书写作

第一节　欢迎词

一、什么是欢迎词

欢迎词，是指客人光临时，主人为表示热烈的欢迎，在座谈会、宴会、酒会等场合发表的热情友好的讲话。

二、欢迎词的特点

欢迎词主要有两大特点，如图8-1所示。

中国有句古话是"有朋自远方来，不亦乐乎"，所以致欢迎词当有一种愉快的心情，言词用语务必富有激情和表现出致辞人的真诚，这样才可给客人一种"宾至如归"的感觉，为活动的圆满举行打下好的基础

欢愉性

口语性

欢迎词本意是现场当面向宾客口头表达的，所以口语化是欢迎词文字上的必然要求，在遣词用语上要运用生活化的语言，即简洁又富有生活的情趣，口语化会拉近主人同来宾的亲切关系

图8-1　欢迎词的特点

三、欢迎词的格式

欢迎词一般由标题、称呼、正文和落款四部分组成。

1.标题

标题写法一般有两种：一种是单独以文种命名，如《欢迎词》；另一种是由活动内容和文种名共同构成，如《在××会上的欢迎词》。

2.称呼

称呼要求写在开头顶格处，要写明来宾的姓名称呼，如"尊敬的各位先生们女士们"、"亲爱的××大学各位同仁"。

3.正文

欢迎词的正文一般可由开头、中段和结尾三部分构成，具体如图8-2所示。

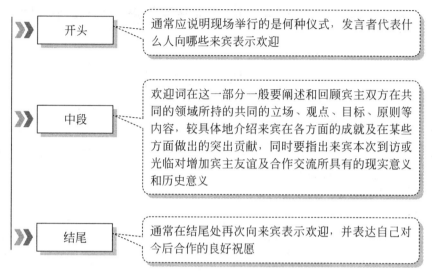

开头 —— 通常应说明现场举行的是何种仪式，发言者代表什么人向哪些来宾表示欢迎

中段 —— 欢迎词在这一部分一般要阐述和回顾宾主双方在共同的领域所持的共同的立场、观点、目标、原则等内容，较具体地介绍来宾在各方面的成就及在某些方面做出的突出贡献，同时要指出来宾本次到访或光临对增加宾主友谊及合作交流所具有的现实意义和历史意义

结尾 —— 通常在结尾处再次向来宾表示欢迎，并表达自己对今后合作的良好祝愿

图8-2 欢迎词正文的三部分

4.落款

欢迎词的落款要署上致辞单位名称、致辞者的身份、姓名，并署上成文日期。

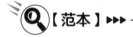 【范本】▶▶▶ --

××超市庆典欢迎词

尊敬的各级领导、各位来宾：

大家好！

××超市全体员工对各级领导和各位来宾的莅临表示最热诚的欢迎！

××超市是在各位领导关怀和帮助下建立起来的，是一个以"助学成才，培养能力，服务师生"为宗旨的综合性校园超市，更是一个与社会零距离接触的社会实践基地、素质拓展基地和勤工助学基地。在这一年多的运营过程中，我们超市累计招聘员工500余人，其中有90%的员工都是来自各个学院的贫困学生，累计发放员工工资18万多元，真正实现了勤工助学由输血向造血功能的转变。在工作的同时，不忘学习——这是××超市员工始终不忘的优良传统。为了保证同学们的正常学习生活秩序，超市员工上班实行三班倒制度，把学习永远放在第一位。经统计，超市在职员工中60%的同学通过了外语四级和计算机二级考试，一年级以上有**20%**的同学获得校院三好学生、学习成绩优秀奖等荣誉称号。同时超市实行学生自主经营、自主管理的模式锻炼和培养了一大批人才，提高了同学们的综合素质和能力，超市员工中大部分同学都成了学生中间的骨干分子。

××年新的一年里，我们××超市在学生处的指导下，总结过去的经验，规范管理，理顺各种关系，销售额从××年的日均××元左右上升到现在的日均××元左右，解决贫困学生勤工助学岗位达130个左右。我们超市现在始终坚持服务第一、质量第一的原则，不拒绝一毛钱的订单，不怠慢一个顾客，勤劳、自强，是我们每一个员工的品德。今天的××超市，已实现管理规范、制度严格，商品品种多样、价格低廉，员工素质高、服务态度好，经营规范，效益不断提高的良好态势。

请各级领导放心，我们××超市全体员工将众志成城，不断探索，我们会把××超市做得更好，为全校老师和同学提供最优质、最满意的服务。同时也衷心地希望学校各级领导一如既往地关心和支持我们××超市，支持贫困学生勤工助学工作，经常光临超市。

最后，再次感谢学校各级领导长期以来对××超市的关心和支持，我们创业超市全体员工祝愿××大学的明天更美好，祝愿各级领导身体健康、工作顺利，祝愿全校学友学业有成，前程似锦！

谢谢！

第二节　欢送词

一、什么是欢送词

欢送词是客人应邀参加了活动，主人为表达对客人的欢送之意，在一些会议或重大庆典活动、参观访问等结束时的讲话。

二、欢送词的特点

欢送词具有惜别性和口语性。欢送词要表达亲朋远行时的感受，所以依依惜别之情要溢于言表，尤其是公共事务的交往，更应把握好分别时所用言辞的分寸。另外，欢送词的口语性也很强，遣词造句也应该注意使用生活化的语言，使送别既富有情趣又自然得体。

三、欢送词的结构

欢送词一般包括标题、称谓和正文三个部分。

1.标题

欢迎词的标题有三种。

第一种：完全性标题。由"致辞人＋事由＋文种"构成。

第二种：省略性标题。由"事由＋文种"构成。

第三种：简单性标题。只写文种，如"欢送词"。

2.称谓

写对欢送对象的称呼，要把所有来宾都包括进去。

3.正文

正文包括3个部分，如图8-3所示。

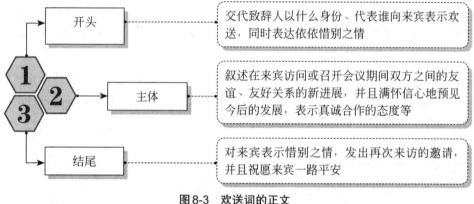

图8-3　欢送词的正文

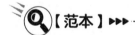【范本】▶▶▶

××商场送别××先生的欢送词

尊敬的女士们、先生们：

首先，我代表××，对你们访问的圆满成功表示热烈的祝贺。

明天，你们就要离开××了，在即将分别的时刻，我们的心情依依不舍。大家相处的时间是短暂的，但我们之间的友好情谊是长久的。我国有句古语："来日方长，后会有期。"我们欢迎各位女士、先生在方便的时候再次来××做客，相信我们的友好合作会日益加强。

祝大家一路顺风，万事如意！

第三节　开幕词

一、开幕词的定义

开幕词是在重要会议或重大活动开始时，为会议主持人或主要领导人讲话所用的文稿。开幕词的主要特点是宣告性和引导性。

开幕词通常要阐明会议或活动的性质、宗旨、任务、要求和议程安排等，集中体现了大会或活动的指导思想，起着定调的作用，对引导会议或活动朝着既定的正确方向顺利进行，保证会议或活动的圆满成功，有着重要的意义。

二、开幕词的写作格式

开幕词由标题、正文和结束语三部分组成，各部分的项目内容与写作要求如下。

1.标题

标题一般由事由和文种构成，有的标题由致辞人、事由和文种构成，有的采用复式标题，主标题揭示会议的宗旨、中心内容，副标题与前两种标题的构成形式相同，也有的只写文种《开幕词》。

时间在标题之下，用括号注明会议开幕的年、月、日。

2.正文

正文包括开头、主体和结尾三部分，如图8-4所示。

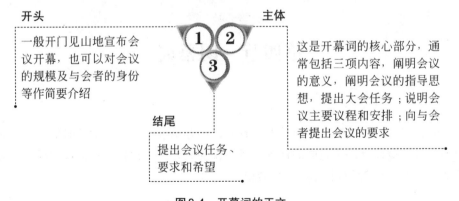

图8-4　开幕词的正文

3.结束语

开幕词的结束语要简短、有力，并要有号召性和鼓动性。写法上常以呼告语另起一段，用"预祝大会圆满成功"结束。

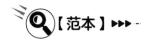【范本】▶▶▶ --

××商场超市开业庆典开幕词

各位领导、各位嘉宾，下午好！

在今天春光明媚、春意融融的大好日子里，××超市隆重开业了，作为××省高速实业自营服务区的第一家超市，经过二个月的紧张筹备工作，今天正式投入使用了，这是高速实业自营服务区的一个重要里程碑，同时也是高速实业的一件盛事、喜事。值此，谨让我代表××服务区的全体员工向××服务区超市的顺利开业表示热烈的祝贺！向各位领导、各位嘉宾到来表示热烈的欢迎！

××超市是在××的指导和大力支持下，秉承"以人为本，为民解困"的服务宗旨，由省高速实业负责筹备的。在筹备过程中，得到了社会各界热心人士的鼎力支持，使超市能在这么短的时间内筹备完工，在此向大力支持以及一直以来关心和支持我××服务区超市发展的热心人士表示衷心的感谢！

××服务区超市是一家以经营副食、日化为主，经营门类齐全、购物环境优雅、管理水平一流的购物超市。××服务区超市的开业，必将对进一步满足外地游客的消费需求，促进高速实业的发展起到积极的作用。

助超市能越办越好，希望××服务区超市能发挥作用，为广大高速群体带来福音，让我们大家为这一共同目标而不懈努力，谢谢！

第四节　闭幕词

一、闭幕词的定义

闭幕词，是会议的主要领导人代表会议举办单位，在会议闭幕时的讲话。其内容一般是概述会议所完成的任务，对会议的成果作出评价，对会议的经验进行总结，对贯彻会议精神提出要求和希望。

二、闭幕词的特点

闭幕词与开幕词一样，具有简明性和口语化两个共同特点，其种类与开幕词相同。凡重要会议或重要活动，与开幕词相对应，一般都有闭幕词，这是一道必不可少的程序，标志着整个会议或活动的结束。闭幕词通常要对会议或活动作出正确的评估和总结，充分肯定会议或活动所取得的成果，强调会议或活动的主要精神和深远影响，激励有关人员宣传会议或活动的精神实质和贯彻落实有关的决议或倡议。具体特点如图8-5所示。

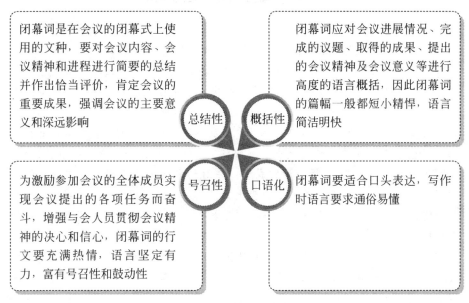

闭幕词是在会议的闭幕式上使用的文种，要对会议内容、会议精神和进程进行简要的总结并作出恰当评价，肯定会议的重要成果，强调会议的主要意义和深远影响

总结性

概括性

闭幕词应对会议进展情况、完成的议题、取得的成果、提出的会议精神及会议意义等进行高度的语言概括，因此闭幕词的篇幅一般都短小精悍，语言简洁明快

为激励参加会议的全体成员实现会议提出的各项任务而奋斗，增强与会人员贯彻会议精神的决心和信心，闭幕词的行文要充满热情，语言坚定有力，富有号召性和鼓动性

号召性

口语化

闭幕词要适合口头表达，写作时语言要求通俗易懂

图8-5 闭幕词的特点

三、闭幕词的写作格式

闭幕词的写作格式包含4个部分，如图8-6所示。

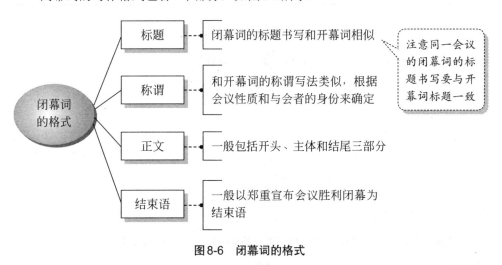

闭幕词的格式

标题 ---- 闭幕词的标题书写和开幕词相似

称谓 ---- 和开幕词的称谓写法类似，根据会议性质和与会者的身份来确定

正文 ---- 一般包括开头、主体和结尾三部分

结束语 ---- 一般以郑重宣布会议胜利闭幕为结束语

注意同一会议的闭幕词的标题书写要与开幕词标题一致

图8-6 闭幕词的格式

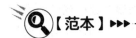【范本】▶▶▶ ---

××商场职工代表大会闭幕词

各位领导、各位代表、同志们：

××市××百货集团有限公司第一届第一次职工代表大会经过全体代表的共同努力，历时一天半，顺利完成了大会的各项议程，现在即将结束了！

会议期间，代表们以高度的使命感和主人翁精神，认真审议并通过了××经理的集团公司工作报告、××经理的工会工作报告、××主任的职工代表大会实施细则、××经理的公司员工手册及各项规章制度的工作报告，并通过选举产生了工会领导班子！代表们一致认为，××总经理所做的报告，客观、全面地总结了××集团所取得的成绩，并对我们××（集团）公司今后的发展规划做出了新的部署。××集团为大家提供了非常广阔自由的发展空间，给各位搭建了一个平台，希望大家能够充分发挥自己的特长，为集团贡献自己的力量！

会议期间，代表们积极参与公司的民主决策，行使民主管理、民主监督的权利。会场始终充满了民主、团结的浓厚气氛，收到了预期的效果，取得了圆满的成功！

各位代表，我们要脚踏实地做好自己的本职工作，奋力推动集团的跨越式发展，为实现××集团今后的工作计划和目标而奋斗！

最后祝各位代表身体健康、工作顺利、万事如意！

现在，我宣布："××市××百货集团有限公司职工代表大会胜利闭幕！"

第五节　答谢词

一、答谢词的定义

答谢词，是指特定的公共礼仪场合，主人致欢迎词或欢送词后，客人所发表的对主人的热情接待和关照表示谢意的讲话。答谢词也指客人在举行必要的答谢活动中所发表的感谢主人盛情款待的讲话。

二、答谢词的类型

依据不同的致谢缘由和致谢内容，答谢词可划分为两个基本类型，如图8-7所示。

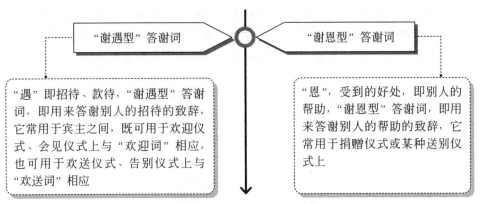

图8-7　答谢词的两种类型

三、答谢词的写作格式

（1）标题。在第一行居中的位置上写上"答谢词（辞）"。

（2）称谓。另起一行顶格写致辞对方的姓名、头衔，既可以是广泛对象，也可以是具体对象。称呼后加"："以示引领全文。

（3）正文。答谢词的正文主要有4个要点，如图8-8所示。

图8-8　答谢词的要点

【范本】▶▶▶ --------------------------------------

××超市开业答谢词

各位领导、各位来宾、各位朋友：

大家好！

今天，我们在这里隆重集会，共庆××分店举行开业典礼。

××分店的开业，标志着首家标准化的大型超市正式入驻我市。

这是我市努力扩大招商引资、全面推进商贸流通现代化的又一喜事。

这必将进一步加快以"聚集人气、营造商机"为主题的工程进度。

在此，我代表××市委、市政府对××分店的开业表示热烈的祝贺！向参加今天开业庆典的各位领导、各位来宾、各位朋友表示诚挚的欢迎！

××分店是由××集团投资1000多万元打造的大型现代化综合超市，营业面积近××平方米，是我市目前规模最大的综合商场。

该超市地处××市中心地段，交通便捷、人气旺盛、商气浓厚，商场配套设施完善，装潢精美、格调高雅、布局合理。

××分店的开业，标志着我市商贸流通业的经营档次和经营规模跃上了一个新台阶。

同时××分店的建成，还扩大就业，已安排了下岗职工达××余名。

××集团看好我市、投资我市，这是我们的荣幸。

为谋求我市经济的跨越式发展，市委、市政府历来重视招商引资工作，把招商引资作为经济发展的重头戏来抓，制定了招商引资的若干优惠政策。

"你发财、我发展"是我们的理念，"使外来投资者发财"是我们义不容辞的责任。

近年来，我们一直致力于优化经济环境，致力于为外来投资者营造一个清正廉明的政治环境、稳定成熟的政策环境、健康向上的人文环境、诚信法制的市场环境，真正使投资者能够安心创业，能够全身心地融入我市经济和社会发展的大潮之中。

我们相信，××集团的到来一定会为我市人民带来优质的商品、优良的服务，给我市的商贸流通业注入新的活力。

"栽好梧桐树，引得凤凰来"，我们愿意为所有到我市来投资的客商服好务，为企业的发展创造一个宽松和谐的经营环境。

我们期待，××集团以一流的管理、一流的服务、一流的信誉在我市树起良好的商贸企业形象，成为我市有品位、有档次、有影响、有效益的一流商业企业。

我们也衷心希望××分店合法经营，诚实守信，为我市人民带来实惠、优质的商品，为繁荣我市经济作出贡献。

最后，衷心祝愿××分店开业大吉，生意兴隆，财源广进！

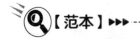 【范本】 ▶▶▶

××商场二周年会员答谢词

尊敬的来宾，亲爱的会员朋友们：

大家晚上好！

　　××年10月1日，××迎来了自己2周岁生日，感谢大家对××的关注与支持！　××自开业两年以来，会员已达×千余人。在七百三十天相伴的旅途上，我们收到了会员中肯的建议，得到了会员强力的支持，让我们深深地体会到，"会员"是我们企业金字塔模块中最为重要的那一部分，再加上社会各界的支持和信赖，共同撑起了××的这片天。

　　××会员卡有积分卡、银卡和金卡三种类型。当会员积分达到5000分以上的时候，将其升级为银卡会员，达到10000分，即可升级××金卡会员，升级到金卡、银卡级别的会员，即可享受"积分+打折"、"生日祝福礼"、"免费礼品包装"、"年终答谢会"、"高端会员旅行"等活动，10月1日店庆当天，为感谢会员朋友对××的支持，与店同庆生日party，所有会员中10月过生日的会员赠送生日礼物作为回馈，还可以享受特制生日蛋糕，让每一位高端会员都深刻体会到消费在××，生活在××。

　　每一天我们都在进步，相信我们，会做得更好！因为我们坚信：用心付出，总有爱的回报！感谢真诚的会员朋友，陪伴××走过一个又一个路程。在相伴的路途上，让我们收获了更多的风景！

　　借此机会，我对多年来支持我们的各位来宾和广大会员表示衷心的感谢！

　　最后，值此店庆2周年之际，祝福××的明天更加灿烂！

　　谢谢大家！

第三部分
活动策划

第九章 商场超市开业庆典活动策划

第一节 开业庆典活动策划认知

一、什么是开业庆典

开业庆典在中国庆典信息网归纳为庆典现场，又名"开张庆典"。主要为商业性活动，小到店面开张，大到酒店、商场超市等的商务活动。开业庆典不只是一个简单的程序化庆典活动，而是一个经济实体形象广告的第一步。

它标志着一个经济实体的成立，昭示社会各界人士——它已经站在了经济角逐的起跑线上。开业庆典的规模与气氛，代表了一个工商企业的风范与实力。公司通过开业庆典的宣传，告诉世人，在庞大的社会经济肌体里，又增加了一个鲜活的商业细胞。

二、开业庆典活动的意义

开业庆典对于一个商场来说是十分重要的，不仅是一个简单的仪式，也是对商场超市进行宣传，让更多的人知道和了解的重要途径之一。

大型商场的竞争是十分激烈的，商场开业庆典以及优惠活动常常被许多商家所使用，长期以来，有许多优惠活动已不被顾客所注意，这也让很多商场活动大打折扣，但是，商场开业庆典特别能吸引人们的注意力。

比如，邀请表演队伍于揭牌仪式结束后，在一片欢呼中开始登场表演中国传统节目，现场邀请开业嘉宾给狮子点睛，这样可以在最短的时间内提高这个商场的知名度和美誉度。

通过极富新颖、特色、影响力和吸引力的商场开业庆典可加速提升商场的知名度、美誉度和忠诚度，积累良好的品牌资产。

三、开业庆典活动的目的

开业庆典往往作为包装企业打造品牌影响力的商务活动。商场超市举办开业庆典活动具有如图9-1所示的目的。

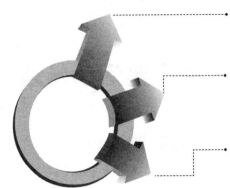

使门店开业的消息得到广泛传播，吸引更多的目标客户群体参加此次活动

通过开业庆典活动把门店的品牌形象和服务宗旨深入传开，塑造社会知名度和美誉度，引起各界关注

通过隆重的庆典活动展示自身实力，为后期的经营做好铺垫

图9-1　开业庆典活动的目的

第二节　开业庆典活动策划要点

一、庆典临时工作小组的成立

开业庆典是一个企业良好的启航开端，是一个经济实体的外貌，如何树立好形象尤为关键，因此有必要设立庆典临时工作小组。具体如下。

（1）成立庆典活动临时指挥部，设立部长一人，副部长若干人，负责全程指挥与决策。

（2）成立临时秘书处，辅助决策、综合协调、沟通信息、办文办事。

二、活动目标和主题的确立

活动目标是指通过举办本次活动所要实现的总体目的，具体表现如下：向社会各界宣布该组织的成立，取得广泛的认同，扩大知名度，提高美誉度，树立良好的企业形象，为今后的生存发展创造一个良好的外部环境。

活动主题是指活动开展所围绕的中心思想，一般表现为几个并列的词语或句子，如"震撼开张，同喜同庆"，既要求短小有力，又要求形象鲜明，以便给人留下深刻的印象。具体要求如图9-2所示。

通过舆论宣传，扩大商场超市的知名度

1　2

向公众显示该商场超市在价格、质量、数量、品种、服务等各方面的优势

图9-2　确立活动主题的要求

三、庆典活动场地的选择

开业庆典活动场地的选择应考虑的因素如图9-3所示。

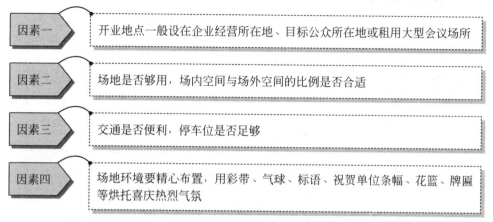

因素一 开业地点一般设在企业经营所在地、目标公众所在地或租用大型会议场所

因素二 场地是否够用，场内空间与场外空间的比例是否合适

因素三 交通是否便利，停车位是否足够

因素四 场地环境要精心布置，用彩带、气球、标语、祝贺单位条幅、花篮、牌匾等烘托喜庆热烈气氛

图9-3 庆典活动场地的选择应考虑的因素

四、庆典活动时间的选择

开业庆典活动选择时间应考虑的因素如下。

（1）关注天气预报，提前向气象部门咨询近期天气情况。选择阳光明媚的良辰吉日。天气晴好，更多的人才会走出家门，走上街头，参加典礼活动。

（2）营业场所的建设情况，各种配套设施的完工情况，水电暖等硬件设施建设。

（3）选择主要嘉宾、主要领导能够参加的时间，选择大多数目标公众能够参加的时间。

（4）考虑民众消费心理和习惯，善于利用节假日传播组织信息。

比如，各种传统的节日；近年来在国内兴起的国外的节日；农历的3月、6月、9月等结婚人数较多的日子。借机发挥，大造声势，激励消费欲望。

如果外宾为本次活动的主要参与者，则更应注意各国不同节日的不同风俗习惯、民族审美趋向，切不可在外宾忌讳的日子里举办开业典礼。若来宾是印度或伊斯兰国家的人，则要更加留心，他们认为3和13是忌数，当遇到13时要说12加1，所以开业日期和时间不能选择3或13这两个数字。

（5）考虑周围居民生活习惯，避免因过早或过晚而扰民，一般安排在上午9:00～10:00最恰当。

五、庆典活动嘉宾的邀请

嘉宾邀请，是开业庆典活动工作中极其重要的一环。为了使庆典活动充分发挥轰动及舆论的积极作用，在邀请嘉宾工作上必须精心选择对象，设计精美的请柬，尽力邀请知名度高的人士出席，制造新闻效应。

1.确立邀请对象

一般来说，商场超市开业庆典活动的嘉宾邀请范围如图9-4所示。

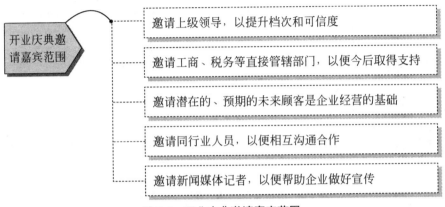

图9-4 开业庆典邀请嘉宾范围

2.邀请方式

对于确立的邀请对象，商场超市可以电话邀请，还可以制作通知、发传真，最能够表明诚意与尊重的方法是发邀请函或派专人当面邀请。向嘉宾发送的邀请函应包括如图9-5所示的内容。

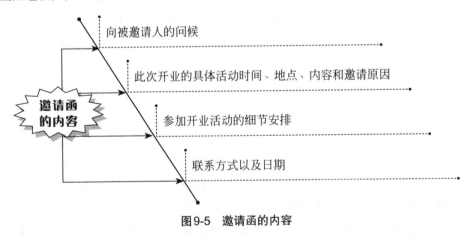

图9-5 邀请函的内容

邀请工作应该提前一周完成，以便于被邀者及早安排和准备。

六、庆典活动的舆论宣传

庆典活动的舆论宣传可以从图9-6所示的4个方面入手。

工作一	利用报纸、杂志等视觉媒介物传播，具有信息发布迅速、接受面广、持续阅读时间长的特点
工作二	自制广告散页传播，向公众介绍商品、报道服务内容或宣传本企业本单位的服务宗旨等，所需费用较低
工作三	运用电台、电视台等大众媒体，这种传播方式效率最高，成本也最高，要慎重考虑投入与产出
工作四	在企业建筑物周围设置醒目的条幅、广告、宣传画等

图9-6　庆典活动的舆论宣传

七、庆典活动场地的布置

庆典的礼台一般为长方体，长25米，宽20米，高1米。按照惯例，举行开业典礼时宾主一律站立，一般不布置主席台或座椅。可在现场做一些装饰。

（1）为显示隆重与敬客，可在来宾尤其是贵宾站立之处铺设红色地毯。

（2）在场地四周悬挂标语横幅。

（3）悬挂彩带、宫灯，在醒目处摆放来客赠送的花篮、牌匾、空飘气球等。

比如，在大门两侧各置中式花篮20个，一条花篮飘带写上"热烈庆祝××商场开业庆典"字样，另一条写上庆贺方的名称。正门外两侧，设充气动画人物、空中舞星、吉祥动物等。

八、庆典活动的物质准备

开业庆典活动的物质准备包括以下内容。

1.礼品的准备

赠予来宾的礼品，一般属于宣传性传播媒介的范畴之内。根据常规，向来宾赠送的礼品有如图9-7所示的4个特征。

2.设备的准备

设备准备是指音响、录音录像、照明设备以及开业典礼所需的各种用具、设备，由技术部门进行检查、调试，以防在使用时出现差错。

3.交通工具的准备

准备的交通工具主要用于接送重要宾客、运送货物等。

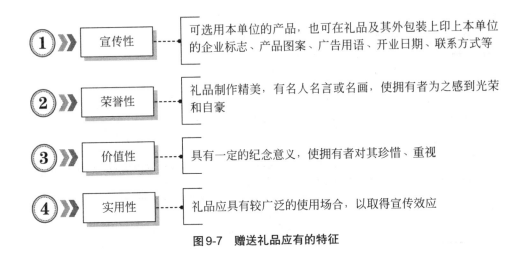

① 宣传性 ┈┈ 可选用本单位的产品，也可在礼品及其外包装上印上本单位的企业标志、产品图案、广告用语、开业日期、联系方式等

② 荣誉性 ┈┈ 礼品制作精美，有名人名言或名画，使拥有者为之感到光荣和自豪

③ 价值性 ┈┈ 具有一定的纪念意义，使拥有者对其珍惜、重视

④ 实用性 ┈┈ 礼品应具有较广泛的使用场合，以取得宣传效应

图9-7 赠送礼品应有的特征

4.就餐的准备

就餐准备是指对参与开业庆典活动的人员就餐做好准备，包括人数、座次、食物、就餐用具等。

5.所需用品的准备

包括剪彩仪式所需的彩带、剪刀、托盘；工作人员服装的统一定做；留作纪念或用以宣传的礼品、画册、优惠卡、贵宾卡的定做。

相关链接

举办开业庆典的注意事项

商场超市通过举办开业典礼，可以扩大企业的影响，给公众留下深刻美好的记忆。举办开业庆典时应注意以下事项。

1.精心拟订邀请的宾客名单

主要的邀请对象有：企业所在地区的各级党政部门领导、上级主管机构和有关方面的领导、知名人士、企业同业友好、其他行业的代表、新闻记者、员工代表以及公众代表等。

设计有企业统一标志的精美的邀请函，并提前将邀请函送到被邀请的宾客手中。

2.拟订开业庆典的程序

典礼的一般程序是：宣布典礼开始，宣读重要来宾名单，致贺词，致答词，部门领导讲话，最后是剪彩。

3.做好文件的准备工作

应事先拟好致答词，答词应言简意赅，起到沟通感情、增进友谊的作用。在开业庆典中，商场还要免费赠送一些宣传小册子。这些宣传材料事前应精心设计，做到图文并茂，起到宣传企业形象的作用。

4.设计必要的助兴节目

为烘托开业喜庆气氛，在典礼中可以安排一些热烈欢快的节目，如锣鼓、礼花、舞狮耍龙，或请著名歌星唱店歌等。典礼结束后，还可组织嘉宾参观本企业的店堂装潢摆饰及有关设施，观看文艺演出或参加娱乐活动。

5.搞好开业典礼的报道工作

在典礼进行的过程中，企业公共关系人员应积极配合新闻记者做好新闻采访工作，并在典礼结束后，通过广播、电视等新闻媒体及时报道本次庆典的盛会情况。

开业庆典活动场面大，邀请的来宾多，一般来说，时间安排要紧凑，项目安排应少而精，在产生轰动效应后即可结束，时间不宜过长，项目也不宜过多。

第三节　开业庆典活动策划范本

以下提供商场超市开业庆典活动策划范本，仅供参考。

【范本】▶▶▶ --

"时尚春天"开业庆典活动策划方案

一、策划背景

1.大型商场市场分析

我们××时代针对××目标消费市场进行长期专业化、系统化的定向市场调查研究证明：随时把握时尚前沿动态，引领××时尚潮流，充分领悟目标群体需求，才能将企业立足××市场，并获得消费者的青睐与推崇。

大型商场竞争激烈，各种庆典优惠活动常常被众商家所使用，长此以往，有很多活动已不被消费者所注意，这也让很多商业活动大打折扣。在开业庆典活动一开始就吸引人们的注意力的理念，才能使之在最短的时间内提高知名度和美誉度。

"时尚春天"要在这一激烈的商业竞争中脱颖而出，首先在开业庆典上就要做足文章，为此，必须将"时尚春天"购物中心的地理优势（××路中段繁华地区）、产品优势（时尚潮流、名牌荟萃）与各项活动紧密结合，才能达到出奇制胜的良好宣传效果。

2.活动终极目的

通过极富新颖、特色、影响力和吸引力的开业庆典活动加速提升"时尚春天"的知名度、美誉度和忠诚度，才能为"时尚春天——时尚潮流"这一定位积累良好的品牌资产。

3.活动构成三步骤

（1）开业前的热身：媒体运用、新闻发布会。

（2）开业时的热烈：开业当天活动内容完全亮相。

（3）开业后的热闹：进行各种表演、时装秀等活动。

内容：每三个月举办一次"赛装节"，每次花样翻新，精彩迭出，并长期在××强势媒体上发布"时尚流行前沿"的图文并茂式系列追踪文章。

主办："时尚春天"购物中心。

承办：××时代。

二、活动内容

（1）召开新闻发布会。

（2）开业庆典揭牌仪式。

（3）舞狮、舞龙表演。

（4）街舞表演。

（5）现场时装秀。

（6）赛装节。

（7）购物有奖活动。

（8）现场答题抽奖。

（9）时装发布会。

三、现场布置

（1）将"时尚春天"的牌坊用红布覆盖。

（2）在商场入口处用彩色气球扎成两层彩虹门。

（3）空飘6个，并配6条布标，上面标有醒目广告语。

（4）搭一个T型台，并配备顶棚，T型台上为红色地毯铺就，边上以印有口号及图案的电脑写真喷绘画围挡。

（5）在T型台的周围用布带圈定活动范围，布带上同样印有广告语。

（6）在商场的入口一带摆放4个造型新颖、独特、时尚的大花篮，花篮上贴有宣传广告语。

（7）在商场门口的前方两侧摆放直径约1米的特制大花球（用鲜花制成），并用架子支撑。

（8）在每个花球的侧面各摆放一大棵圣诞树，并用鲜艳夺目的彩带装饰，在阳光下圣诞树会闪闪发光，两位穿着圣诞老人服装的"时尚春天"工作人员站在圣诞树前欢迎嘉宾。

（9）在商场入口处安排穿着时尚的3～6名礼仪小姐迎接嘉宾。

四、活动安排

1.召开新闻发布会（开业前的热身）

（1）时间：开业前一个星期之内。

（2）地点："时尚春天"会议室。

（3）内容：发布"时尚春天"购物中心的开业庆典及活动安排情况，赛装节筹备情况，并答记者问；与此同时，在《××晚报》《都市时报》时尚版刊登$\frac{1}{2}$版彩色平面广告。

（4）目的：通过强势主流媒体的宣传报道，宣传和强化"时尚春天购物中心"引领时尚潮流的新形象、新理念。

（5）现场布置。

——简洁、明快的背景板，上面标有"时尚春天新闻发布会"字样及时尚春天徽记。画面以时尚春天里最时尚优美的服饰为主。

——在会议桌上摆放一些鲜花盆。

——在桌子的两端各竖一小条幅，上书"时尚春天"、"引领潮流"等广告语。

（6）新闻发布会费用。

——相关领导、商界权威专家（3～6人，时尚春天操盘，邀请及其费用自理）。

——省内新闻记者（29人，××时代操盘，相关礼品每人50元）。

——材料准备（时尚春天协助，××时代操作）。

行业主管领导讲话稿50份，时尚春天领导讲话稿50份，商界精英讲话稿50份，时尚春天相关材料50份，新闻发布通稿3类（政治新闻、经济新闻、专题新闻）各30份计90份，主持人主持稿1份等的撰写、打印、复制、汇总、装订等。

（7）方案效果。通过此次新闻发布会，进一步扩大时尚春天的知名度、美誉度、市场受众面和品牌形象。

2.揭牌仪式

（1）时间：9:30～10:30。

（2）内容。

——主持人宣布庆典活动开始，并逐一介绍嘉宾。

——主持人宣布揭牌仪式开始后，由1～2位嘉宾揭下覆盖在"时尚春天"之上的红布，瞬间惊现"时尚春天"的真面目，即刻产生轰动效应。

——行业主管、商界精英、商场领导分别致辞。

3.舞狮、舞龙表演（10:30～10:45）

（1）地点：购物中心前的广场上。

（2）内容：邀请表演队伍于揭牌仪式结束后，在一片掌声中开始登场表演中国传统节目。现场邀请开业嘉宾给4只狮子点睛。同时，表演中的4只狮子献字（口中吐出开业吉祥语，吉祥语由××时代设计创意），以渲染开业庆典吉日的吉祥气氛，吸引更多顾客的注意力。

4.街舞表演（10:45、12:30、15:00与时装秀同时进行三场）

（1）地点：购物中心前的广场上。

（2）内容：邀请××省有名的街舞表演队表演前卫、时尚的街舞。

（3）目的：通过充满活力的时尚街舞表演宣传时尚春天引领时尚潮流、传播青春活力的形象，同时吸引更多顾客的眼球。

5.现场时装秀（10:45、12:30、15:00）

（1）地点：广场搭的T形台上。

（2）内容：邀请全国、西南地区、××省模特冠军和其他知名男女模特各10名穿着时尚春天的服装进行时装表演。

（3）目的：用名人效应快速提升时尚春天的知名度，以模特青春、靓丽的形象展示"时尚春天"引领时尚潮流的理念和"时尚春天"的高雅品位。

6.赛装节（14:00～14:40）

（1）地点：时尚春天门前广场。

（2）内容：邀请××时尚女性30名参加（经开业前组委会选评而出），嘉宾现场评分。选出前10名参赛选手，冠军给予价值8000元的时尚服饰，永远爵士铂金卡一张；亚军给予价值5000元的时尚服饰，爵士铂金银卡一张；季军给予价值3000元的时尚服饰，爵士铂金铜卡一张；优秀奖5名，给予价值1000元的时尚服饰，贵宾卡一张。

（3）目的：大范围吸引××时尚女性前来参加此项活动，旨在将"时尚春天"的时尚风格及品位通过参与者的亲身感受快速在顾客中传播美誉度。

7.购物有奖活动（整天）

（1）内容。

——第1位在时尚春天商场购物满500元者，奖价值8000元人民币的时尚服饰。

——第50位在时尚春天商场购物满500元者，奖价值6000元人民币的时尚服饰。

——第100位在时尚春天商场购物满500元者，奖价值4000元人民币的时尚服饰。

——第150位在时尚春天商场购物满500元者，奖价值2000元人民币的时尚服饰。

——第200位在时尚春天商场购物满500元者，奖价值1000元人民币的时尚服饰。

（此活动视具体情况可以在以后长时间变化着进行）

（2）目的：通过高额奖励吸引顾客踊跃购买，与此同时，高额奖励还能产生轰动效应。

8.答题抽奖活动（13:30～2:00穿插进行）

（1）内容。

——在开业前一个星期之内，在两家发行量大、传播面广的媒体——《××时报》和《××晚报》的时尚版面上刊登1/2版彩色平面广告，并在广告里面刊登5道题目，告之读者答案在开业庆典当天活动的现场就能找到。

——在开业当天，凭刊有广告的报纸现场答题，完全正确者即可参加现场抽奖。

——奖项设置：在一纸箱中放置若干乒乓球，乒乓球上面写有"时""尚""春""天"（第一组），"时尚""春天"（第二组），"时尚春天"（第三组）字样。摸中单独的任何一个字者，奖价值500元的时尚服饰（限5名），摸中单独的两个字者，奖价值1000元的时尚服饰（限3名），摸中四个字者，奖价值5000元的时尚服饰（限1名）。

（2）目的：通过有趣答题活动的高额奖励吸引顾客前来参与，这对提高时尚春天的知名度有着极佳的传播效果。

9.时装发布会（20:00～22:00）

（1）地点：××会堂或艺术剧院或另选。

（2）内容。

——以"时尚春天、时尚前沿、引领时尚潮流"为主题进行时装发布会。

——邀请强势媒体参与宣传造势，媒体应包括中央驻本省新闻媒体和本省主流媒体。

——公布当天参加赛装节获奖人员名单。

——当天购物满500元者以及在活动中获奖者凭"时尚春天"的时装发布会入场券免费入场。

——邀请20～40位知名男女模特与获奖人员同台献艺,进行时装表演。

(3)目的:通过时装发布会向顾客渗透"时尚春天"就是本地"时尚前沿、引领时尚潮流"的最前沿阵地。

五、媒体策略

为了更广泛地传播"时尚春天"的时尚特点及开业庆典的盛况,为了吸引更多的人前来参与开业庆典,在开业前的一周内,选择发行量较大、传播面较广、影响力较大的媒体——《××晚报》和《××时报》的时尚彩色版面进行产品以及开业活动的宣传,以提前引起广大市民和顾客对时尚春天的格外关注。(媒体费用另算)

1.开业前

(1)次数:六期,《××晚报》《××时报》各三期1/2版彩色平面广告。

(2)内容:告知广大顾客时尚春天的开业时间,当天活动主要内容为知识答题、赛装节参赛细则等。

2.开业后

(1)次数:四期,《××晚报》《××时报》各两期1/2版彩色平面广告。

(2)内容:公布赛装节、购物有奖、答题抽奖获奖人员名单,公布时尚春天第1～3天的营业状况,以渲染时尚春天成功开业的盛况,从而使时尚春天获得市场和顾客的广泛认可。

六、经费预算

(略)。

七、策划缘由

1.终极目的

××时代人认为:时尚春天要长期占领××时尚前沿的主导地位,就必须将自身的优势与××时代的专业策划结合起来,共同打造"时尚春天的核心竞争力",只有用好联合智慧,才能杜绝"虎头蛇尾"、"昙花一现"的尴尬境况。只有通过随时了解、洞察、分析市场信息,结合自身特点与优势,改进自身不足和劣势,推陈出新、推新出优、推优出品,"时尚春天"才能五度俱全(知晓度、美誉度、定位度、知名度、忠诚度),才能立于××消费市场的不败之地,并试图独占鳌头。

2.终极关怀

(1)××时代每个月均对中国服装市场与××服装市场进行专业的定向调查与研究,并向时尚春天提供业界最新、最快的消费动态,以便为时尚春天在货源组织、扩大销售上提供决策依据。

（2）××时代为时尚春天每半年进行一次商品结构、市场营销、推广策略、活动策划等与同城竞争对手进行测评，并对时尚春天的经营风格进行预警，且提出解决策略。

（3）××时代对时尚春天购物中心的内部政策、外部政策、企业机制、团队组合、人才培训、文化环境等提供帮助与策略。

（4）××时代对时尚春天的目标市场与销售量、销售额进行预测。

（5）××时代不定期提供××服装市场消费潜量调查报告，以便时尚春天有针对性地制定营销策略。

（6）××时代及业界专家对国际时尚市场进行专题研究，以时尚春天的名义，双方长期在媒体上刊登"时尚服装，流行前沿"专题文章，以引导××最广大白领进行正确消费。

（7）每3个月举办一次时尚春天赛装节。

（8）根据市场行情变化，协助时尚春天适时调整营销整合策略，并为时尚春天制定详尽的促销方案及应对策略。

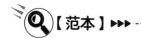【范本】▶▶▶

××天虹开业庆典策划方案

一、活动策划背景

近几年，随着国内百货流通业的急剧快速发展，各大百货连锁流通"巨头"竞争热浪此起彼伏，呈现出"花开三枝，各自争妍"的局面。

作为中港合资经营的大型零售连锁企业，中国百货流通业的著名品牌公司——深圳天虹集团公司，自1984年作为深圳第一家走中、高端市场消费群体，集购物、饮食、娱乐、休闲于一体的大型MALL式百货商场的成功推出，使得天虹从传统百货商场，迈向了现代百货的重要转变，并在短短的20年时间里，从最初的8800万元资本累计发展到2015年全年营收的173.96亿元。

天虹的这一成功和大胆的市场定位和推出，使得天虹品牌逐渐被许多大中城市的市民所认知，并一度成为深圳零售业龙头企业，屹立于全国零售百强之林，进一步彰显出天虹的实力。

作为珠三角消费实力强劲的××、××等地，已成为天虹进一步拓展目标的首选地。即将于××年××月在××开业的××天虹百货将在持续走中高档路线的同时，以更加优越的品质服务于××的市民。

二、活动时间

××年××月××日。

三、活动地点

××市××路天虹××店。

四、活动安排

1.嘉宾和媒体签到（上午8:00～8:30）

（略）。

2.开幕剪彩仪式（上午8:30～9:00）

特邀当地相关政府主管部门官员、天虹集团总经理及各位邀请的嘉宾出席开幕剪彩仪式。（注：本次开幕式可邀请醒狮队前来舞狮助兴，在开幕式现场有鲜花、拱门、空飘、横幅广告、气球等场景布置与点缀）

（1）邀请当地政府官员上台致辞。

（2）邀请天虹集团总经理上台为××天虹店致贺词。

（3）邀请其他嘉宾上台致辞。

（4）醒狮表演。

（5）邀请相关天虹集团经理为彩狮点睛。

（6）新店门打开迎接顾客。

3."深情天虹，缤纷秋恋"时尚发布会

释义：本环节将主要打破以往天虹开连锁店时简单的开业庆典的剪彩模式，新的模式是，在承袭此前的必要环节之外，将在剪彩环节完毕后，举办一场别开生面的"深情天虹，缤纷秋恋"时尚发布会，特邀青春靓丽的模特，穿着各种高贵的服装进行现场集中展示，并进一步宣传进驻该商场的著名品牌服饰。

在举办本次"缤纷秋恋"时尚发布会活动时，建议商场方面将引入商场的各大型百货供应商邀请到场观看本次时尚发布会活动，造成轰动和品牌效应以吸引更多市民前来观看。

为达到本次活动的预期目的，我们建议在本次活动现场，围绕着舞台四周将各大商家的品牌打出来，并在舞台的背景板上列上承办本次时尚发布会活动的主要时装品牌的赞助商名称等。

4.庆典开幕式活动筹备和进程

（1）××月××日前确定主持本次活动的司仪。

（2）××月××日前确定出席本次庆典开幕式的嘉宾人数和名单。

（3）××月××日前完成整个开幕式所需的各种宣传材料的印刷、礼品袋和礼品的定制及各种户外喷画、条幅广告。

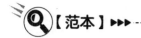

××商场开业庆典策划方案

一、活动主题

（1）开业庆典

（2）第一届"××"杯高尔夫友谊赛开幕式

二、活动风格

隆重、高雅。

三、活动目的

（1）面向社会各界展示××商场高档品牌形象，提升××商场的知名度和影响力。

（2）塑造××第一高档精品商场的崭新形象；塑造××商场精品氛围。

（3）通过本次开业庆典活动和"××"杯高尔夫赛事开幕仪式，开拓多种横向、纵向促销渠道，掀起国庆黄金周的促销高潮和持续的新闻热点，奠定良好的促销基础和良好的社会基础。

四、广告宣传

1.前期宣传

（1）开业前10天起，分别在《××日报》《××晚报》及各高档写字楼的液晶电视传媒等媒体展开宣传攻势，有效针对高端目标消费人群。

（2）周边各高档社区及高档写字楼内做电梯广告，有效针对周边高端消费者，有效传达××商场开业及其相关信息。

（3）以各高尔夫球场为定点单位给各高尔夫球场的会员及高尔夫球界名流、精英发放设计精美的邀请函，邀请其参加××商场开业庆典暨第一届"××"杯高尔夫友谊赛。

2.后期广告

（1）开业后5日内，分别在《××日报》《××晚报》及各高档写字楼的液晶电视传媒等媒体进一步展开宣传攻势，吸引目标消费者的眼球，激起目标消费者的购买欲。

（2）进一步跟踪报道"××"杯高尔夫友谊赛，掀起持续的新闻热点。

五、嘉宾邀请

嘉宾邀请，是仪式活动工作中极其重要的一环，为了使仪式活动充分发挥其轰动及舆论的积极作用，在邀请嘉宾工作上必须精心选择对象，设计精美的请柬，尽力邀请知名度高的人士出席，制造新闻效应。应提前发出邀请函（重要嘉宾应派专人亲自上门邀请）。

嘉宾邀请范围如下。

（1）政府领导、上级领导、主管部门负责人。

（2）主办单位负责人、协办单位负责人。

（3）业内权威机构、高尔夫球界权威或精英。

（4）知名人士、记者。

（5）赞助商家、大型企业领导。

六、活动亮点

（1）以开业庆典为平台，举行第一届"××"杯高尔夫大赛开幕式。以××各高尔夫球场的会员为主要参赛对象，给每个会员发放邀请函，并附上参赛的相关事项。商场内各商家为赞助商，还可邀请××市内知名品牌的高尔夫用具商为赞助商或协办单位；邀请××高尔夫球会为协办单位，凡参赛者均可在商场开业当天获得精美礼品，优胜者可按名次获得现金奖励及商场内各世界品牌提供的高档礼品。凡参赛选手在商场内购物，可获得相应优惠，在协办单位消费也可获得一定的礼遇等（或到场嘉宾可当天加入VIP会员）。在良性的联合运作状态下，使主办方、协办方及赞助方三方在合作中获得共赢。

（2）千份DM杂志免费赠送。为了扩大商场的开业效应和品牌影响力，发行DM杂志（《××商场致生活指南》）赠阅消费者。此DM杂志为大16K，68P，四色铜版纸印刷，发行量为1500册。主要发行渠道为在开业庆典上所有到场者的礼品和开业促销期间商场赠阅。

本杂志的主要内容分为三个板块。

——"引领时尚消费，倡导精致生活"。介绍××商场的经营理念、购物环境及其他相关信息。

——"品牌故事"。介绍××商场内各品牌（内附各品牌代金券）。

——"高尔夫享受"。介绍高尔夫的相关知识及协办单位的相关信息（内附各球会优惠券）。

（3）在气氛渲染方面，以高雅的模特走秀和钢琴演奏代替庆典仪式中惯用的军乐队、锣鼓、醒狮队等，令每位来宾耳目一新，难以忘怀，且能有效地提高开业仪式的新闻亮点和宣传力度。在庆典活动中注入高雅文化，且与××商场的高端定位及目标消费群的理想生活形态有机契合。

（4）"明星"巧助阵。邀请高尔夫球界权威或精英，使圈内人士慕名而至；邀请某品牌代言人到场助兴表演1～2个节目，掀起会场的第三个高潮。整个活动在高潮迭起中落幕，令人回味无穷。

七、活动程序

活动程序见下表。

活动程序表

时间	活动安排
8:30	播放迎宾曲，礼仪小姐迎宾，来宾签到，为来宾佩戴胸花、胸牌，派发礼品，并引导来宾入会场就座，贵宾引入贵宾席
8:35	模特高雅的时装表演开始，展示国际著名服饰品牌魅力，在嘉宾印象中深化××商场的高端定位，也可调动现场气氛，吸引来宾的目光
9:00	时装表演结束，五彩缤纷的彩带彩纸从空中洒下，主持人上台宣布开业仪式正式开始，并介绍贵宾，宣读祝贺单位贺电、贺信
9:05	××高层领导致欢迎辞
9:10	政府领导致辞
9:15	协办单位（××高尔夫）领导致辞
9:20	参赛选手代表讲话
9:25	体育部门领导致辞并宣布第一届"××"杯高尔夫友谊赛开幕，鸣礼炮，放飞和平鸽和氢气球（会场达到第一个高潮）
9:30	钢琴演奏（曲目略）
9:35	宣布剪彩人员名单，礼仪小姐分别引导主礼嘉宾到主席台
9:40	宣布开业剪彩仪式开始，主礼嘉宾为开业仪式剪彩，嘉宾与业主举杯齐饮，点燃礼炮及放飞小气球将典礼推向第二个高潮；主持人宣布正式营业，顾客可进场购物
9:45	活动进入表演及相关互动环节
10:00	整个活动结束

八、会场布置

现场布置与开业庆典的主题结合，力争做到"细心、精心、认真、全面"，将高雅文化进行到底。遮阳（雨）棚和T型台、背景板的设计能充分突出会场的高雅和隆重的风格。

现场布置所需物料如下。

1. 彩旗

（1）数量：80面。

（2）规格：0.75米×1.5米。

（3）材料：绸面。

（4）内容："引领时尚消费，倡导精致生活。"

（5）布置：广场周围插置。

印制精美的彩旗随风飘动，喜气洋洋地迎接每位来宾，能充分体现主办单位的热情和欢悦景象，彩旗的数量能体现出整个庆典场面的浩势，同时又是有效的宣传品。

2.横幅

（1）数量：若干。

（2）规格：4.5米×10米。

（3）内容：××百货隆重开业。

（4）布置：高空气球下方。

3.贺幅

（1）数量：20条。

（2）规格：0.8米×20米。

（3）内容：各商家及合作单位祝贺。

（4）布置：广场及超市楼体。

4.放飞和平鸽

（1）数量：188只。

（2）布置：宣布第一届"××"杯高尔夫友谊赛开幕时放飞。

5.放飞小气球

（1）数量：2000个。

（2）材料：进口PVC。

（3）布置：主会场上空。

剪彩时放飞，使整个会场显得隆重祥和，更能增加开业庆典仪式现场气氛。

6.高空气球

（1）数量：6个。

（2）规格：气球直径3米。

（3）内容：祝贺及庆祝语。

（4）布置：现场及主会场上空。

7.充气龙拱门

（1）数量：2座。

（2）规格：跨度15米／座。

（3）材料：PVC。

（4）布置：主会场入口处及车道入口。

8.绸布

（1）数量：100米。

（2）布置：市场入口处两旁的门柱。

9.签到台

（1）数量：签到台1组。

（2）布置：主会场右边桌子铺上红绒布，写有"签到处"，以便贵宾签到用。

10. 花篮

（1）数量：30个。

（2）规格：五层中式。

（3）布置：主席台左右两侧。

带有真诚贺词的花篮五彩缤纷，璀璨夺目，使庆典活动更激动人心。

11. 背景板

（1）数量：1块。

（2）规格：10米×5米。

（3）材料：钢架、喷绘。

（4）内容：主题词，其风格与本活动的主题风格一致，能体现高雅与时尚的主题。

12. T型台

（1）数量：1座。

（2）材料：钢管、木板、红地毯。

13. 红色地毯

（1）数量：200平方米。

（2）布置：主会场空地，从入口处一直铺到主席台。

突出主会场，增添喜庆气氛。

14. 其他

（1）剪彩布1条，根据剪彩人数扎花。

（2）签到本1本、笔1套。

（3）椅子150张。

（4）胸花150个。

（5）胸牌150个。

（6）绿色植物300盆。

（7）盆花200盆。

（8）彩屑。

气氛营造。

15. 礼仪小姐

（1）人数：10位。

（2）位置：主席台两侧、签到处。

16. 钢琴演奏

（1）人数：1位。

（2）规格：著名钢琴师。

（3）位置：主席台上。

在迎宾时和仪式进行过程中，演奏各种迎宾曲和热烈的庆典乐曲；使典礼显得隆重而富有风情。

17.专业模特队

（1）人数：18人（暂定）。

（2）位置：庆典开始前在T台上表演，调动现场欢快气氛且与活动主题有机契合。

18.音响

（1）数量：1套。

（2）说明：专业。

（3）位置：主会场。

（4）媒体配合（略）。

【范本】▶▶▶

××超市开业庆典策划方案

一、活动宗旨

时尚、活力、激情飞扬。

二、活动主题

时尚生活新主张，××超市带给您更多的体验购物新选择。

三、活动目的

（1）通过开业庆典仪式把××超市的品牌形象和服务宗旨深入传开，塑造社会知名度和美誉度，引起各界关注。

（2）通过隆重的庆典活动展示自身实力，为后期的经营做好铺垫。

（3）进行企业社会公关，树立××超市的社会形象，并融洽与当地政府职能部门、目标顾客群及供应商的关系。

（4）效益提升，引起大众消费热潮，实现经济效益和社会效益的同步提升。

四、活动时间

××年××月××日～××日。

五、活动地点

××超市广场。

六、活动内容

迎宾签到、领导讲话及嘉宾致辞、剪彩仪式、舞狮表演、揭牌仪式、缤纷节目表演。

七、活动准备

1. 建立活动筹备小组

（1）总经理：对整个开业庆典活动负责，同时协调各个部门的工作及配合，确保此次开业庆典活动圆满成功。

（2）顾客协调组：将顾客的意见与建议搜集，统一整理并上交至总经理处，做好各顾客的解释工作，将需要顾客配合的事项以及相关促销政策准确告知各顾客。

（3）媒体关系组：负责联系各个媒体机构在开业时到场报道，同时协调好与各个媒体的关系。

（4）活动执行组：负责开业庆典的具体执行活动。

（5）对外联系组：做好与外界的沟通与联系。

（6）保安组：主要负责活动现场的秩序与安全工作，防止意外事件的发生。

（7）紧急预案组：对可能发生的各种事件做出预测，并且提前做好紧急事件的应对措施。

2. 媒体投放的选择

选择品牌定位与超市定位相类似的媒体进行投放。由于超市定位为时尚，因此，建议选择时尚类、都市生活类的媒体进行投放。

（1）电视台（1家）：选择本市电视台进行投放，选择都市频道，一般为2套节目，起到告知作用，不起宣传作用，投放可间断进行。

（2）报纸（2家）：当地的广播电视报一定要投放（这类报纸销量好、成本低，缺点是一周一刊，周期较长），另外选择当地（市级）次级影响力的都市报纸媒体专刊投放，每个城市的报纸都有专刊，因此选择这些专刊投放的影响力是巨大的。

（3）广播（1家）：选择都市广播进行投放。

（4）杂志投放：一般每个城市都有都市类杂志，置于酒店等消费场所，这类媒体具有成本低、目标精准等特点，深受广告主喜爱。

（5）公交投放：制作小横幅，悬挂于车头前面，最好选择市区线路且经过附近的公交车辆进行投放。

（6）在活动开始前，要将一切在开业庆典活动中使用的物品准备好，并且应比预期数量多一些，以免因人数过多而造成物品不够。

3. 场外布置

（1）卖场前用红地毯铺满（突出喜庆主题），两侧各置中式花篮60个。在广场放置红、黄、蓝三色的彩色气门两座，一方面可以营造开业的喜庆氛围，另一方面可以营造较为强烈的时代气息。卖场主入口旁设大型舞台及威风锣鼓表演区，舞台上放置大功率音响设备、麦克风及麦克架，铺红色礼仪地毯。

（2）在广场旁竖立卖场经营结构示意图，让不是很了解卖场的顾客更直观地熟悉卖场的经营结构。

（3）签名幅：为了使我们和广大消费者的鱼水关系更进一步加深，设计一条90厘米×588厘米的签名幅。签名主题为"精英荟萃，大展鸿图"，凡来店消费或参加庆典的朋友都可以签名，并给签名的观众发放小礼品，使公司和支持公司的所有群体的距离拉得更近，再次掀起开业的另一个高潮。

（4）在广场舞台两侧拉8个悬挂彩色垂幅的升空气球，并在楼体上悬挂彩色条幅，上面张贴公司的福语。（主要围绕开业主题、开业贺词等）

4.场内布置

（1）在卖场内悬挂开业宣传POP或吊旗，在店内主要区域悬挂和首要位置展示（依据卖场的标识色和经营特色来设计宣传POP），主要突出开业的喜庆氛围。吊旗的悬挂位置主要集中在大厅和各走廊上。（具体位置需要现场定夺）

（2）在一楼入口摆放一棵精美的"许愿树"，所有顾客在本卖场消费后，每人都可以免费得到一张精美许愿卡片，在上面可以写下自己的美好愿望、祝福或对卖场的期望、意见、建议，用一条精美的小丝带悬挂在许愿树上。对许过愿的顾客将赠送小礼品。

八、活动开展

××年××月××日，用超大红布将商场正面包围。

（1）开业当天上午：开业典礼；精灵从天而降（抛洒鲜花）；暖场环节；揭开面纱；礼仪迎宾活动环节。

（2）开业当天下午：举行大型游园活动、幸福摩天轮、大家都来猜猜看、现场打折促销活动，同时对进场顾客发放小礼品。

九、活动安排

以下为活动安排时间表。

活动安排时间表

时间	活动安排	具体说明
7:30～8:00	工作人员到位	（1）检查确认电源及备用发电机情况，准备好各媒介的接待工作 （2）检查确认会场布置及停车场，准备配合公安、交警做好保卫、安全和交通指挥工作 （3）检查确认签到处、签到用品 （4）舞台区域电源线再检查

续表

时间	活动安排	具体说明
8:00～8:30	礼仪人员到位	（1）员工入场按方队站位 （2）主持人熟悉完善文稿 （3）舞狮队、威风锣鼓队现场站位完毕 （4）礼仪小姐站位：停车场、签到台、临时休息区、主席台 （5）摄像师到场，选择取景地点，全程采写，直到仪式结束（要求：主题明确、画面清晰、视觉中心突出）
8:30～9:00	暖场	威风锣鼓队、舞狮队在主会场交替暖场表演
9:00～9:30	迎宾	（1）保安负责安排设置警戒线和维持秩序 （2）负责媒介记者的签到及标识发放 （3）保安指挥区分贵宾车辆、嘉宾车辆及其他车辆到指定地点停放整齐
9:00～9:30		（4）礼仪小姐迎宾程序：停车场接待领导至签到台签到，佩戴胸花，后接引领导至主席台现场参加典礼
9:30～9:38		迎宾队伍引导嘉宾就位嘉宾区，舞狮队、威风锣鼓队表演
9:38～9:40		主持人上台宣布开业典礼正式开始
9:40～9:45		介绍参加开业庆典的领导名单，并请领导上台就位
9:45～10:00		领导致辞
10:00～10:05	剪彩仪式	主持人宣布剪彩嘉宾为商场开业剪彩，剪彩同时施放10门礼炮，覆盖大楼的纱幔缓缓向两边拉开，商场正式开业
10:05～10:10		领导为瑞狮点睛，瑞狮吐幅
10:10～10:30	开始营业	瑞狮引导领导嘉宾至广场内参观购物，营业开始
10:30～10:40	准备游园活动	准备、协调现场大型游园"挑战您的激情与速度，参与就有好礼相送"活动
10:40～12:30	现场大型游园活动	活动主办方给每一位参加活动的选手发放一个信封，信封内装有家居广场中品牌商的品牌名称，参与者在10分钟内到该品牌的专柜拿到该品牌的宣传单页，并且了解该品牌正在进行的促销政策，回到舞台，完成任务者就有该品牌的好礼相送，每次限进5人（活动前7天，活动主办方与各大品牌协商好活动的力度以及一些小礼品的准备）

十、经费预算

具体经费预算见下表。

经费预算

序号	预算明细	金额/元
1	主席台搭建及影像设备	3500
2	场内及场外布置	2500
3	礼仪小姐（一天）	1000
4	小礼品及大型游园活动礼品（七天）	1500
5	舞狮节目	500
6	广告费用（包括上边的全部媒体广告费用）	40000
7	餐饮招待（主要领导及嘉宾）	3000
8	其他	1000
	合计	53000

十一、突发事件处理预案

（1）电源故障：电源超负荷运转导致停电。

预防办法：分成多个电路铺线区域，在每个区域设置总电源，将总电源量分摊至负荷内。

处理办法：电路铺线区域安排多名电工进行紧急处理，同时防止他人进入电路区。

（2）拱门、气柱：拱门、气柱风机烧毁导致坍塌。

预防办法：备用多个风机。

处理办法：派专人看护风机，如出现风机烧毁情况，在3分钟之内换风机，5分钟之内将拱门、气柱重新立好。

（3）下雨：为来宾准备雨伞（或在主席台搭建帐篷）。

（4）人员情况：礼仪小姐因堵车迟到。

预防办法：工作人员提前2个小时集中人员，统一乘车至活动现场。

处理办法：如出现个别礼仪小姐迟到的情况，在安排礼仪小姐时增加2～3个名额，以增补。

（5）消防问题。

预防办法：消防人员随时对消防点（如火源点、电源接头等）进行检查，并做标记。

处理办法：由组委会安排消防人员对现场火源点进行调查，如发生火灾，马上在各通道紧急疏散人群。

（6）伤情问题：如现场人员，包括工作人员及观众出现因各种情况引起的伤情。

预防办法：常用药品的准备，如创可贴、红药水等。

处理办法：出现伤情对伤员进行现场救护，如严重者马上将其送往急救中心抢救。

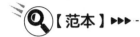**【范本】▶▶▶**

××超市开业促销策划

一、活动目的

（1）创造良好销售商机，增加客流提升销售额，全面打响超市精彩开幕的第一仗，真正做到"首战必胜"的效果。

（2）通过开业宣传让顾客获知某二楼精品生活超市的卖场是一个感觉更舒适、商品更精选、价格更便宜的生活超市。

（3）通过此次精彩开幕树立某大楼价格新形象、整体服务新形象、商品质量新形象。

（4）通过精彩开幕促销活动带动六一儿童节、端午佳节的市场占有率，提高百货大楼整体来客数、超市整体销售额。

二、活动时间

5月26日至6月6日。

三、活动主题

震撼开张，同喜同庆。

四、活动安排

（1）活动一：场内、场外共同庆贺，具体见下表。

主题活动安排

	活动主题	建议供应商	活动时间	建议形式
场内活动	节庆假日商品免费试吃、厂家促销	洽谈各类供应商赞助联合开展	以天为单位开展	赞助供应商商品特卖、买一送一、现场试吃等
场外活动	厂家场外促销活动	洽谈六家以上供应商	以一家一天为单位	厂家场外活动

活动说明：开业期间每天厂家活动以表格形式列出，在5月20日前传营运部。

（2）活动二：盛典起航锣鼓喧天。

活动期间：5月26日。

活动形式：百货大楼前广场举行开张庆典启动仪式，部分员工参加。

（3）活动三：红包大放送。

活动时间：5月26～27日（2天）。

活动形式：凡活动期间顾客一次性购物满28元，均可凭当日单张电脑小票参加"开心红包大派送"活动。

红包分类如下。

每天1个面值198元的购物券。

每天2个面值98元购物券。

每天8个面值48元购物券。

每天1000个面值1元购物券。

费用预算如下。

购物券：198×1×2=396元；98×2×2=392元；48×8×2=768元。

现金：1×1000×2=2000元。

（4）活动四：糖果免费送。

活动时间：5月29日至6月1日（4天）。

活动形式：凡活动期间光临本超市的小朋友，就有机会获得限时派发的精品糖果一把。

费用预算：600元×4天=2500元（加专制服装100元）。

（活动专制服装为六一儿童主题卡通服）

（5）活动五：买就送——谨献给真正购物的狂热分子。

——满68元送8个装鲜鸡蛋一盒。

活动时间：5月26～27日（2天）。

活动形式：开业当天前300名顾客在本超市单票购物满68元以上，凭当日单张电脑小票可获赠8个装鲜鸡蛋一盒，限送前300名，送完即止。

费用预算：6元/盒×300盒×2天=3600元。

——满138元送5斤装大米一袋。

活动时间：5月26～28日（3天）。

活动形式：凡在本超市单票购物满138元以上（酒、家电类商品单票满300元以上），凭当日单张电脑小票可获赠5斤装大米一袋，每天限送800袋，送完即止。

费用预算：15元/袋×800袋×3天=36 000元。

（6）活动六：百货专柜——买50送50、买100送100现金券。

活动时间：5月26日至6月6日。

活动形式：活动期间顾客在百货大楼一楼专柜单票购物满50元送50元抵

用券一张。（活动期间在百货专柜二次购物单张小票满200元时可使用50元抵用券直减50元，部分专柜不参与此活动，详情见店内公告）

　　费用预算：活动让利部分供应商承担。

　　费用细则：活动期间，除自行收银专柜外，统一收银专柜必须全部参加，参加专柜商品不得擅自调价。

第十章　商场超市周年庆典活动策划

第一节　周年庆典活动策划认知

一、什么是周年庆典活动

周年庆典也称店庆、周年店庆，即企业成立周岁庆典。一般而言，庆典都是逢五、逢十进行的，即在本单位成立五周年、十周年以及它们的倍数的时候进行。

周年庆典不只是一个简单的程序化庆典活动，而是一个企业团体已经步上正轨、茁壮成长的表现。它标志着一个经济实体的成长，昭示社会各界人士——它已经站在了经济角逐的路上，在加速前进。周年庆典的规模与气氛，代表了一个企业的风范与实力。

二、周年庆典的目的

商场超市通过周年庆典的契机，进行全方位有效宣传，在带动销售的同时，可进一步提升商场整体形象，提高商场认知度、影响力等，以此带动商铺店面销售，建立商户信心。

一般来说，举办周年庆典的目的如图10-1所示。

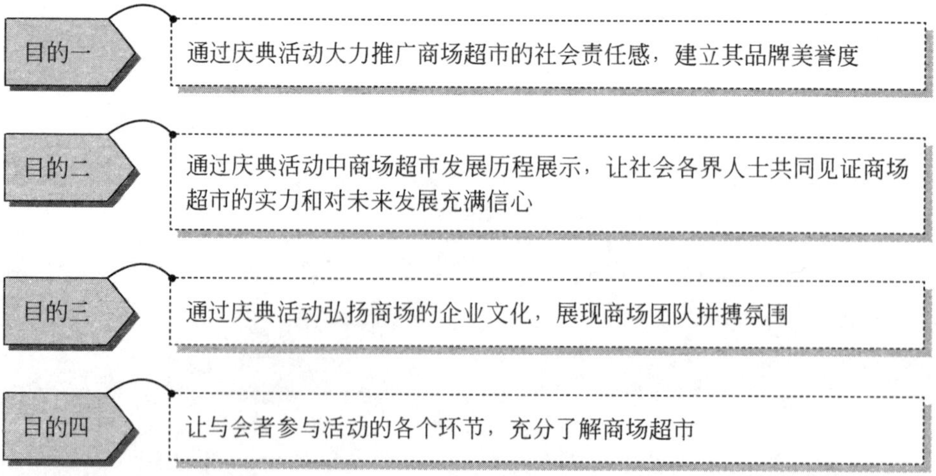

目的一　通过庆典活动大力推广商场超市的社会责任感，建立其品牌美誉度

目的二　通过庆典活动中商场超市发展历程展示，让社会各界人士共同见证商场超市的实力和对未来发展充满信心

目的三　通过庆典活动弘扬商场的企业文化，展现商场团队拼搏氛围

目的四　让与会者参与活动的各个环节，充分了解商场超市

图10-1　举办周年庆典的目的

三、周年庆典的准备事项

举办庆典活动时应做到准备充分、接待热情、头脑冷静、指挥有序。一般来说，举办周年庆典前需做好如图10-2所示的准备事项。

工作一	安排各项接待事宜，事先确定签到、接待、剪彩、摄影、录像、扩音等有关服务礼仪人员
工作二	可在庆典活动中安排节目，如舞龙等，还可邀请来宾题词，以作为纪念
工作三	庆典结束后，可组织来宾参观本组织的设施、陈列等，增加宣传的机会
工作四	通过座谈、留言形式，广泛征求意见，并综合整理、总结经验
工作五	确定庆典活动主题，精心策划安排，并进行适当的宣传
工作六	拟订出席庆典仪式的宾客名单，一般包括政府要员、社区负责人代表、同行代表、员工代表、公众代表、知名人士等
工作七	拟订庆典程序，一般为：签到、宣布庆典开始、宣布来宾名单、致贺词、致答词、剪彩等
工作八	事先确定致贺词、答词的人员名单，并拟好贺词、答词，贺词、答词应言简意赅
工作九	确定关键仪式人员，如剪彩、揭牌、托牌等；除本单位领导外，还应邀请德高望重的知名人士

图10-2　周年庆典的准备事项

第二节 周年庆典活动策划要点

一、周年庆典活动的筹备

组织筹备一次周年庆典，如同进行生产和销售一样，先要对其做出一个总体的计划。商场超市在筹备周年庆典活动时，要把握如图10-3所示的两大要点。

图 10-3 周年庆典活动的筹备要点

周年庆典既然是庆祝活动的一种形式，那么它就应当以庆祝为中心，把每一项具体活动都尽可能组织得热烈、欢快而隆重。不论是举行庆典的具体场合、庆典进行过程中的某个具体场面，还是全体出席者的情绪、表现，都要体现出红火、热闹、欢愉、喜悦的气氛，唯有如此，庆典的宗旨——塑造本单位的形象、显示本单位的实力、扩大本单位的影响，才能够真正地得以贯彻落实。

庆典所具有的热烈、欢快、隆重的特色，应当在其具体内容的安排上得到全面的体现。

二、周年庆典活动的策划要求

要想举办一场成功的企业周年庆典，必须事先做好周密的安排和计划，尽量考虑到可能出现的各种问题和突发情况，做到未雨绸缪，唯有如此，才能胸有成竹、稳步推进，让企业周年庆发挥应有的实效。在策划周年庆典时，可按以下要求操作。

1.适时

一般来说，周年庆的时间是固定的，但是，如遇重大节日，为了达到更好的宣传效果，庆典活动的时间可以提前，但不能推后。同时，要考虑有关重要领导和嘉宾能否出席、气候及前后节庆情况等因素。

2.适度

庆典活动是一种礼仪性活动。典礼的规模、形式要与企业实力、经营规模、场地大小、地理位置等情况相符合，经营面积不大却弄一个特大规模的庆典只会弄巧成拙，沦为笑柄。

3. 隆重

典礼是一种热烈庄重的仪式，需要一定的隆重热烈程度，这样既可以鼓舞人心，又可以扩大影响。在现场布置、形式选择、程序安排等环节多下功夫，努力营造隆重、热烈、欢庆、和谐的气氛。同时，还要力求形式新颖具有创意。一般化的庆典活动无法留给人们深刻印象，也不可能取得预想的轰动效果。

4. 节俭

庆典活动既要隆重热烈又要简朴务实。从规模、规格上要严格控制邀请人员的级别、数目，不能一味追求"高、大、全"。在项目、程序上尽量从简，可以省去的一些环节和形式应当坚决去掉。典礼也要奉行"少花钱多办事"的原则，不能摆排场讲阔气铺张浪费。

三、周年庆典活动策划注意事项

周年庆典活动是很多企业、商家比较重视的一个活动，也是借机展示自己、提升自己的很好机会，所以很多商家都非常重视，那么，怎么策划周年庆典活动呢？策划周年庆典活动需要注意以下4个事项。

1. 确定主题

不同的主题含义不同，商场超市可以以庆祝周年庆典为由举办大促销活动，借机提升商场超市的销量，提升效益；也可以借助周年庆举办类似感恩周年庆典活动，主要是面向内部员工、企业客户等的一种感恩活动。

2. 活动形式要有创意

创意始终是活动的灵魂，是活动获得成功的关键，所以，在进行活动策划以及活动设置的时候，要突出创意，在活动方式、节目类型等方面要与众不同，这样才能有很好的吸引力，才能使活动吸引人，才能获得成功。

3. 活动要体现目的性

活动体现目的性，就是要发挥活动的重要作用，发挥活动的效能，所以主办方一定要从上到下都重视起来，特别是企业重要领导、企业高层一定要重视起来，只有领导重视了，员工才能重视，才能起到应有的作用，否则很容易使活动沦为走过场。

4. 要突出气氛

在活动的宣传方面要注意与活动主题等相配合，进行适当的活动宣传，扩大活动的影响面。另外，在活动期间一定要注意活动氛围的营造，注意现场的气氛，活动舞台、活动场地的搭建、装饰等都要到位。

第三节　周年庆典活动策划范本

以下提供商场超市周年庆典活动策划的范本，仅供参考。

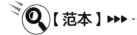【范本】▶▶▶ --

××超市周年庆促销方案

一、活动目的

为提升超市品牌知名度，通过店庆活动拉动6月份销售业绩。

二、活动时间

店庆第一波：6月9～15日。

店庆第二波：6月16～22日。

店庆第三波：6月23～29日。

三、活动主题

真诚回馈新老顾客。

四、活动安排

1.店庆第一波：6月9～15日

"生日礼券，减100"店庆热购、突破渴望。

活动内容：在此活动期间，凡会员一次性购物满68元，非会员一次性购物满88元就可获赠冰露矿泉水2瓶；会员一次性购物满168元，非会员一次性购物满188元就可获赠冰露矿泉水5瓶。（单张小票最多可领取5瓶，大宗购物及团购不参加此活动）

2.店庆第二波：6月16～22日

（1）"送饮料，前100名"开门见喜，来就送！

活动内容：在此活动期间，凡到我超市购物的前100名顾客，不计购物金额均可凭购物小票到服务台免费领取苏打水一瓶。（每天限100瓶，送完为止）

（2）"返券"购物返现，买就送！

活动内容：在此活动期间，凡会员一次性购物满88元，非会员一次性购物满98元就送5元超市抵用券一张；会员一次性购物满176元，非会员一次性购物满196元就送5元超市抵用券两张。（单张小票最多可领取超市抵用券2张，用抵用券结账的本张小票不再参加此活动，大宗购物及团购不参加此活动）

（3）"抽奖"盛大店庆，喜从天降！

活动内容：在此活动期间，凡会员一次性购物满68元，非会员一次性购物满88元就可获赠店庆刮奖卡一张；会员一次性购物满168元，非会员一次性购物满188元就可获赠店庆刮奖卡两张。（单张小票最多可获赠店庆刮奖卡两张，大宗购物及团购不参加此活动）

奖项设置如下。

一等奖2名：奖微波炉1台。

二等奖5名：奖自行车1辆。

三等奖300名：奖洗衣液1袋。

四等奖6000名：奖湿巾1包。

空奖：谢谢惠顾13693名。

共计：20000张奖卡。

中奖率：31.5%。

（4）"生日礼券，减100"立送100元！同庆生日天！

凡在2000～2013年之间6月26日出生的顾客，在本超市消费满398元以上者，可凭单张购物小票和有效证件，在客服台领取100元生日礼券一张，每张证件每天只能使用一次（限本人使用，限前10名）。

（5）"半价换购"半价换购，超值惊喜！

活动内容：在此活动期间，非会员凡在本超市单张购物小票满138元以上者，会员在本超市单张购物小票满118元以上者：加1.5元换购清风100抽软抽一包；加4元换购立白全效洗衣液500毫升一袋；加8元换购玻璃大碗一个；加10元换购紫林陈醋2.5升一桶或索芙特400毫升洗发水一瓶。

（6）"买赠"满就送！

在此活动期间，单张购物小票购物满88元，就送小礼物哦！限300名！

3. 店庆第三波：6月23～29日

（1）"生日礼券，减100"立送100元！同庆生日天！

凡在2000～2013年之间6月26日出生的顾客，在本超市消费满198元以上者，可凭单张购物小票和有效证件，在客服台领取100元生日礼券一张，每张证件只能使用一次（限本人使用，限前10名）。

（2）"抽奖"好礼三：盛大店庆，喜从天降！

活动内容：在此活动期间，凡会员一次性购物满68元，非会员一次性购物满88元就可获赠店庆刮奖卡一张；会员一次性购物满138元，非会员一次性购物满168元就可获赠店庆刮奖卡两张。（单张小票最多可获赠店庆刮奖卡两张，大宗购物及团购不参加此活动）

奖项设置如下。

一等奖2名：奖微波炉1台。

二等奖5名：奖自行车1辆。

三等奖300名：奖洗衣液1袋。

四等奖6000名：奖湿巾1包。

空奖：谢谢惠顾13693名。

共计：20000张奖卡。

中奖率：31.5%。

五、广告宣传

1.海报印刷

A3插页4万×2期×0.19元（印刷）+0.06（投递）=20000元。

A4册子5万×1期×0.46元（印刷）+0.08（投递）=27000元。

2.社区宣传条幅

数量：60幅。

制作费：4米×5元/米×60幅=1200元。

投递费：60幅×10元/幅=600元。

 【范本】▶▶▶ ------------------------------------

××商场五周年庆活动方案

一、活动主题

辉煌五周年（主标题）；××世界杯精彩不断（副标题）。

二、活动时间

××年××月×× ～ ××日。（××月××日——周年庆典、××月××日——世界杯开幕、××月××日——父亲节）

三、活动内容

1.同喜同乐庆生日。

凡××月××日出生的顾客，持本人身份证原件在××年××月××日活动当天来××购物可免费领取生日礼品一份。

注：此活动礼品发放由×××负责安排。

2.69元拿彩电——享受激情世界杯

凡××月×× ～ ××日，每天在本商城一次性购物满200元的顾客，可获得抽奖券一张，满400元得两张（以此类推），可参加"69元拿彩电"抽奖活动，抽奖时间安排当天晚18:00（中奖人限一名）。抽出中奖人员后，中奖人即可用69元拿走超值彩电一台。兑奖有效时间延至第二天晚上停止营业，如

逾期仍未兑奖便视为放弃。（特价商品、大宗团购除外）

注：每天现场抽奖活动由××、××负责主持，策划部协助。

3.购物抽大奖——周年庆典轻松享

凡于活动期间顾客在本商城一次性购物满500元可获得抽奖券一张，满1000元得两张（以此类推），就可参加抽大奖活动。

一等奖：名牌背投彩电一台（1名），金额×××元。

二等奖：名牌消毒柜一台（2名），金额×××元。

三等奖：名牌饮水机一台（5名），金额×××元。

四等奖：精美水具一套（10名），金额×××元。

抽奖时间：××年××月××日下午18:00。

抽奖地点：××购物城大门口。

兑奖有效时间：开奖起至××年××月××日19:00。逾期没兑者视为放弃。（特价商品、大宗团购除外）

注：当天现场抽奖活动由×××、×××负责主持，策划部协助。

4.××奖

活动期间每天来我商城购物的第一位顾客，凭购物小票可获得××礼品一份。

礼品预计费用：×××元。

注：此活动礼品发放由×××负责安排。

5.活动期间顾客一次性购物满100元以上可参加的促销活动（单张收银票限参加一个活动）

（1）××"金球奖"。活动细则：在商城内设置一场地摆放球门，参加此活动的顾客在离球门5米的位置将皮球踢向球门，如进即可获得××"金球奖"奖品一份，如不进则获得纪念品一份，单张购物小票限玩一次。

（2）××"任意球奖"。活动细则：在商城内设置一场地摆放球筐，参加此活动的顾客在离球筐2~3米的位置将乒乓球击向球筐，如进即可获得××"任意球奖"奖品一份，如不进则获得纪念品一份，单张购物小票限玩一次。

礼品预计费用：×××元。

注：此活动现场工作人员及奖品发放由×××、×××负责安排，策划部协助。

6.老爸您辛苦啦（父亲节）——父亲节商品特价展

手机、数码产品、剃须系列。

费用预计：×××元。

场外路演（待定）。

活动时间：××年××月××～××日。

活动地点：大门口（场外）。

活动内容：联系各大厂商携手开展为期2天的厂商特价酬宾活动，以特价、赠送、文艺演出等各种促销形式开展活动，补充店内的各项活动（吸引来客人数），有效提高销售业绩。

活动组织：家电部负责联系及落实各厂家场外促销活动工作；企划部负责协助家电部安排各活动的宣传工作。

四、媒体及其他宣传费用

1.电视广告发布

（1）时尚台。

发布方式：流动字幕（每天滚动播出）。

发布时间：××月××～××日，共计10天。

发布价格：×××元。

（2）××台。

发布方式：流动字幕（每天滚动播出）。

发布时间：××月××～××日，共计10天。

发布价格：×××元。

2.升空气球

发布数量：12个。

发布时间：××月××～××日。

发布价格：×××元。

3.条幅

发布数量：20个。

发布时间：××月××～××日。

发布价格：×××元。

4.门头大型喷绘

300平方米，×××元。

5.门口宣传栏、柱头、玻璃门头喷绘及花台写真

×××元。

6.传单

彩色、正度4开、80克、双面。

数量10000份，×××元。

夹报5000份，×××元。

费用总预计：×××元。

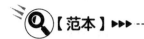

××超市五周年店庆促销方案

一、活动目的

五周年店庆恰逢中秋节及十一黄金周这一超市的销售黄金时期，为抓住这一难得的机遇提升销售、树立良好的企业形象、增强本超市与消费者之间的亲和力、稳定顾客群，特推出本期促销活动。

二、活动时间

××月××日至××月××日。

三、活动主题

月圆人团圆，××贺周年。

四、活动安排

1.超值好礼庆店庆，幸运大奖刮刮乐

（1）制作周年店庆刮刮卡30000张。

（2）活动时间：××月×× ~ ××日。

（3）活动细则：凡在店庆期间来本超市一次性消费金额满128元的顾客，即可凭单张有效购物小票到兑奖处抽取"周年店庆"刮奖卡一张，一次性消费金额满256元赠送刮奖卡两张，以此类推。现场兑奖，凡参与者就有机会中得千元大奖。

（4）奖项设置。

一等奖：贵宾卡1998元（1名）。

二等奖：贵宾卡919元（2名）。

三等奖：贵宾卡428元（3名）。

四等奖：贵宾卡112元（50名）。

五等奖：贵宾卡66元（100名）。

幸运奖：贵宾卡6元（1000名）。

纪念奖：圆珠笔1支（6000名）。

2.迎中秋庆国庆，惊喜百家姓

（1）活动时间：××月××日 ~ ××月××日。

（2）活动期间，每两天八个幸运"姓氏"（见下表，表中姓氏可根据实际情况调查而制定）当天光临本超市即有惊喜赠送！

（3）惊喜一：来店即送！当天幸运"姓氏"顾客光临本超市，即可凭有效证件获得优惠券一张，当天购买券上商品可享受会员价，仅限本人领取，每人限领一张。

（4）惊喜二：购物再送！当天幸运"姓氏"顾客在本超市购物累计满68元，再送精美纪念品一份。

每日幸运"姓氏"

时间	幸运"姓氏"
××月××～××日	××××××××
××月××～××日	××××××××
××月××～××日	××××××××
××月××～××日	××××××××
××月××～××日	××××××××
××月××～××日	××××××××
××月××～××日	××××××××
××月××～××日	××××××××
××月××～××日	××××××××
××月××～××日	××××××××
××月××日	其他姓氏

以上姓氏待定（或根据百家姓顺序排列）。

3. 与店同庆

凡市区内××月××日出生的顾客，可凭身份证或出生证于××月××日当天到本超市服务台领取生日蛋糕一份，限前10名顾客。

4. ××六周年，鸡蛋卖6元

促销时间：××月××～××日。

凡在店庆期间来本超市一次性消费金额满68元以上的顾客，即可凭有效购物小票另加1元购买鲜鸡蛋1斤。限前600名，售完为止。

5. 来××购物，享免费洗车

促销时间：××月××～××日到赠品兑领处领取××洗车票一张。

6. 大宗团购，服务到家

凡来本超市进行大宗集团消费的顾客，可享受免费送货到家的服务。

7. 娱乐有礼

（1）中秋灯谜有奖竞猜。活动时间：××月××～××日。

——购物满39元的顾客，可凭购物小票任意抽取灯谜卡一张，满68元抽取2张，凡竞猜正确者均有精美礼品赠送。

——准备灯谜卡1600张（名片尺寸），其中总店1000张、××分店500

张、××便利店100张。

——奖品由采购部与供应商协商。

（2）最佳组合，海底捞月。活动时间：××月××～××日。

——活动期间一次性消费满99元的顾客，可凭购物小票到服务台报名，并于当晚7:30参加本活动。

——参加人员自选一名成员作为自己的组合，每天限10组。

——游戏规则：各组成员在规定地点，每人拿一根竹筷同时夹起桶内的月饼并将其放入盘内（禁止用手接触），如能安全放入盘中，该月饼即属于该组，每组限夹6次。

——用时最短夹起月饼数量最多的组，将获得最佳组合奖，每人各奖月饼1斤。

（3）醉寻中秋月。活动时间：××月××～××日。

活动方式：一次性消费满98元的顾客可凭购物小票到服务台报名参加，参赛者蒙住双眼，原地转三圈后朝月饼摆放处走去，如能准确拿到月饼则该月饼就归参赛者所有。

五、庆典仪式及卖场布置

1.媒体宣传

（1）电视台播五周年店庆内容。以礼花为背景，字幕是"热烈庆贺××超市开业五周年"，随后播放"月圆人团圆，××贺周年"的促销信息。

（2）在《××日报》刊登1版"月圆人团圆，××贺周年"大型促销活动信息。

2.店外布置

（1）前广场悬挂"五周年店庆"彩旗，尺寸50厘米×70厘米，颜色以红黄两色为主。

（2）门前悬挂横幅，内容是"热烈庆贺××超市开业五周年"。

（3）建主席台6米×9米及庆典仪式后幕4.5米×9米，竖弓形门一个。

3.场内布置

（1）收银区上方用KT板制作中秋宣传吊牌。

（2）入口处制作气球门2个。

（3）在主通道悬挂"月圆人团圆，××贺周年"室内吊旗，总店30面、分店20面。

（4）糖果区上方悬挂气球900个。

（5）设立月饼促销区，并和酒水区上方分别悬挂"月圆人团圆，××贺周年主题促销区"吊牌。

（6）粮油、南北货、酒水及月饼均以大堆头陈列方式摆放。

××商场十周年店庆国庆促销活动方案

一、活动主题

××璀璨十周年，感恩回报顾客情。

二、活动时间

××月××日至××月××日。

三、活动安排

1.店庆热力回报

××月××日至××月××日购物满200元立减100元，满400元减200元，以此类推。（价签标零、特例品除外）

2.生日同庆

××月××日场庆当天，持同日出生10岁儿童户口簿的顾客，可在服务台对面礼品发放处领取精美蛋糕一个（限99份，赠完为止）。

3.限量抢购

（1）××月××日和10月1日进场前10名的顾客，可以9元价格购买NIKE时尚手环一个（价值38元）；39元可购买富米七孔枕一个（价值66元）；49元可购买富米单人薄被一床（价值115元）。

（2）××月××日至10月2日前10名顾客可以69元价格购买卡撒天娇荞麦壳木棉枕一个（价值158元）；269元可购买卡撒天娇纯棉五件套一套（价值718元）。

4.限时抢购

××月××～××日下午2:00～3:00二楼新品羊绒衫、羊毛衫全场7折限时抢购（部分品牌、特例品除外）。

5.礼赠贵宾

××月××日至××月××日，持贵宾卡购物满299元送精美水杯一个，限19份。

购物满799元，可办理购物中心VIP卡一张，同时可享受礼品一份。每天办卡限30张，礼品赠完为止。

6.与××同庆，与奥运同行

××月××日上午9:30～12:00在××路大门外一侧举办"迎奥运，讲文明、树新风，从我做起"大型公益签名活动（赠送度假村贵宾券）。

7.文娱广场庆场庆、国庆

钢琴演奏、个人演唱大赛精彩纷呈（××月××日至10月3日）。比赛报名时间延长至××月××日。

报名地点：总服务台。

8.各专柜感恩回馈优惠酬宾活动

（1）1F珠宝区。举办"新婚珠宝节"——买满10000～100000元均有超值礼品赠送，18K金饰品6.5折优惠，钻石饰品、翡翠饰品全场5折酬宾（个别品牌、特例品除外），以上活动详见柜台明示！

（2）化妆品独家赠品。××，满980元赠4件试用装；××，满200～600元赠奖品。店庆当日有独家赠品（限××月××日一天）；××，庆新柜落成，购满398～998元，赠惊喜独家礼品；××、××、××、××活动期间有独家赠品赠送。

（3）专柜促销活动。各化妆品专柜在活动期间均有丰厚礼品赠送，同时买满300元专柜产品，赠送丝巾1条。

（4）丝巾专柜全场6～7折优惠，买满150元专柜产品送丝巾1条，帽子专柜全场8折优惠。

（5）××、××、××、××等品牌手表购物赠礼品，部分款式8～9.2折酬宾。

（6）太阳镜8折，配镜7折（隐形眼镜、老花镜除外）。各种赠品赠完为止。

（7）鞋帽专柜举办"辉煌十周年，××与您同行"促销活动。××男鞋，秋季新款8.5折；××，新款秋鞋满300减100；××，秋季新款7折；××，全场新品单鞋5～8.8折；××，全场7.5折，同时有赠品；××，部分5～6折，8折以上商品赠袜子1双；××箱包5～8折酬宾。

（8）2F"休闲之秋"少淑休闲装打折酬宾。××女装全场秋装买满300元减90元，买满400元减120元；××女装全场买满200元减100元；××新品全场7折优惠；××专柜9月30日至10月3日期间购满318元即抽奖一次（刮刮卡），中奖率100%；××内衣买满600元可参加刮刮卡活动，一等奖立减150元，二等奖减100元。

（9）3F"收获金秋，真情回馈"男装回馈酬宾。××2980元西装+690元衬衣+580元领带=3299元，3900元西装+690元衬衣+580元领带=3999元，4800元西装+690元衬衣+580元领带=4699元，如选880元衬衣，则另加159元任意款组合；××、××满200元减100元；××、××、××、××、××5～8折；××，买一赠一；××、××另有优惠。

（10）××月××～××日时装独有品牌优惠酬宾——××、××全场7折；××参展商品7折；××全场满200元减40元。

（11）4F床上用品满减活动，全场5～8折酬宾（部分商品除外）。运动服饰、运动鞋5～8折酬宾（部分商品除外）。

（12）儿童家居用品优惠酬宾。儿童鞋5～8折；儿童服装5～9折（部分商品除外）；部分文具8.5折，灯具9折酬宾，××小家电全线8.5折；健身器材全场7.5折（特例品除外），同时购满健身器材1000元以上有礼品赠送。

（13）特卖酬宾。××月××日至××月××日大型促销活动，买正价产品满200元减20元，部分产品、礼盒5～7折；××月××日至××月××日××内衣全国巡展，大型特卖；××月××日××羊绒衫大型展卖活动；××月××日～××日××羊绒衫大型特卖会。

四、相关部门责任

（1）策划部负责设计制作。

（2）前台部负责礼品登记发放，并提供活动解释、顾客咨询等服务。

（3）奖项在现场送出，如中奖者不在，次日以POP形式通知。

（4）防损部维护好活动的安全。

（5）奖品由采购部洽谈，或现金购买。

（6）人事部负责调出贵宾卡，由前台签收发放。

第十一章 商场超市节日促销活动策划

第一节 节日促销活动策划认知

一、什么是节日促销

顾名思义,节日促销就是指在节日期间,利用消费者的节日消费心理,综合运用广告、公演、现场售卖等营销手段,进行的产品、品牌的推介活动,旨在提高产品的销售力,提升品牌形象。

相关链接

节日的分类

(1)公众法定节假日,如元旦、春节、清明节、劳动节、端午节、中秋节、国庆节等。

(2)部分公众节假日,如三八妇女节、五四青年节、六一儿童节等。

(3)相关重要纪念节日,如情人节、七夕节、母亲节、父亲节、教师节等。当然,推广活动不同,节日的重要性也不同,比如,七夕节、情人节绝对是男女之间浪漫的专利。

(4)民俗时令,如重阳节、元宵节、腊八等。

(5)国内商家自定假日,如复活节、圣诞节、店庆日、促销季、美食节等。

二、节日促销的原则

一到下半年,中秋、国庆刚刚结束不久,又将迎来平安夜、圣诞节、元旦,以及中国人非常重视的春节,这一个又一个节日的到来,也成了商家们做促销的好时机,然而想要节日促销做得好,还得掌握一定的原则。

1.要有个充分的理由

在参与节日促销之前,必须搞清楚为什么要进行促销。比如,过年送礼在中国是民俗,所以好多产品推出礼品装。另外,一些平日里消费较大的奢侈品也适合在节日搞促销，这些奢侈品的促销计划和装扮，除了迎合喜庆的文化氛围，还应该考虑消费者的消费心理，设计的活动切不可只重出彩，更应该考虑是否能给自身带来销量。

2.要选好一个主题

节日的促销主题设计有3个基本要求，具体如图11-1所示。

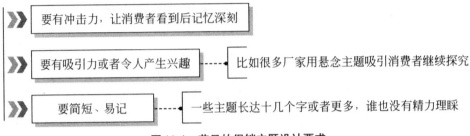

图11-1 节日的促销主题设计要求

3.要组织得力

节日促销的环境嘈杂，人多，因此组织实施更要有力。搞好节日促销，要事先准备充分，把各种因素考虑到，尤其是促销终端人员，必须经过培训指导，否则如果引起消费者不满，活动效果将会大打折扣。

4.要结合当地市场情况

理性预测和控制投入产出比，切不可盲目跟随，挥金如土，要突出自己的优势和卖点，事实上，节日促销活动的计划，要"因己制宜"，这样才能取得好的效果。

很多商家看到别的品牌在促销，自己也促销，这样被动的促销，并不能够保证生意的火爆，往往还会带来亏损。如果想要促销生意做得好，只有把握以上原则，才真正会对自己的事业有利。

三、节日促销的策略

节日的消费份额已经成为市场总消费份额中重要的组成部分，商场的管理者看中了这一片广阔的市场前景，将重点放在促进消费增长的任务上，在较大范围内获得了成功。同时，人们也在节日的促销中得到了优惠，双方形成了互惠互利的关系，是市场上的一种良性发展。商场超市在进行节日促销时，需要讲究一定的策略，具体如下。

1.出位创意烘托节日氛围

节日是动感的日子、欢乐的日子，捕捉人们的节日消费心理，寓动于乐，寓乐于销，制造热点，最终实现节日营销。针对不同节日，塑造不同活动主题，把更多顾客吸引到自己的卖场来，营造现场气氛，实现节日销售目的。

2.文化营销传达品牌内涵

文化营销嫁接节日的文化氛围，开展针对性的文化营销。我国的许多节日都有丰富的文化内涵，如母亲节、情人节、中秋节、端午节。为此，商场在节日促销时一定要把握住节日的文化内涵，充分挖掘和利用节日的文化内涵，并与自身经营理念和企业文化结合起来，这样不仅可以吸引众多的消费者，在给消费者艺术享受的同时，也能带来良好的市场效益，树立良好的企业形象。比如，情人节可在卖场开展"情侣过三关"和"汤圆代表我的心"等活动。

3.互动营销增强品牌亲和力

生活水平的提高使消费者的需求开始由大众消费逐渐向个性消费转变，定制营销和个性服务成为新的需求热点，商家如能把握好这一趋势，做活节日市场也就不是难事了。

比如，深圳沃尔玛曾开辟先例，让顾客自己设计礼篮或提供不同型号的礼篮，由顾客挑选礼品，不限数量、品种、金额，既可迎合不同的消费需求，又可充分掌握价格尺度。此法一经推出便受到消费者的欢迎，不仅大大增加了生鲜部的利润，也促进了其他部门的销售。

4.艺术促销激发售卖潜力

节日营销的主角是价格战，广告战、促销战均是围绕价格战展开。能否搞好价格战是一门很深的学问，许多商家僵化地认为节日就是降价多销，其实，这种做法落进了促销的误区，结果往往是赔钱赚吆喝。

当然，作为节日营销的惯用方法，诸如"全场特价"、"买几送几"的煽情广告已司空见惯，对消费者的影响效果不大。因此，如果真要特价也要处理得当，讲究点创意和艺术，这其中"梯子价格"就足以堪道。

比如，第一天打九折，第二天打八折，根据具体情况，以此类推。这样消费者会有这样的心理："我今天不买，明天就会被他人买走，还是先下手为强。"事实上，许多产品往往在第二时段或未经降价就被顾客买走了。因此，梯子价格既激活超市人气，又延长节日效应，拉动产品销售的黄金期。

第二节　节日促销活动策划要点

一、节日促销活动策划的步骤

商场超市应针对不同节假日的特点，事先做好活动策划工作，因为真正的成功往往只属于那些能准确地捕捉商机、有备而来者。商场超市做好节日促销活动策划的步骤如下。

1.准确的定位

准确的定位主要表现在主题鲜明，明确是传达品牌形象还是现场售卖，不要陷入甩卖风、折价风的促销误区。另外，也需要了解竞争对手的动态，特别是在几个大的节日，竞争对手最新的促销意图，比如新品状况、折扣情况、赠品分派、新产品引进等。

2.确定最佳的活动方案

除了事前周密的计划和人员安排，还要有一个好的方案，如此才能发挥团队作战优势，团结一致，齐心协力地做好工作。具体要求如图11-2所示。

所有的活动安排和物料准备要紧扣活动主题，总负责人要清楚活动的每个环节，了解各活动的进度，及时发现和解决活动现场出现的新问题 **①**	要对参与活动的人员进行详尽的培训，把活动的目的和主旨深入传达到每个人心中，充分调动每位员工的积极性和主人翁责任感 **②**

图11-2　确定活动方案的要求

3.确定时间安排和规划预算

再好的策划、再好的时机，如果没有完整准确的规划预算，届时产品不充足、促销品不到位，顾客该买的买不到、该拿的拿不到，也必定影响整体活动的效果。

4.现场氛围营造

节日活动气氛包括以下两部分。

（1）现场氛围。现场氛围包括气氛海报、POP张贴、装饰物品的布置、恰到好处的播音与音乐，这些将会在很大程度上刺激顾客的购买欲望。具体而言，做好主题广告宣传，从色彩、标题到方案、活动等均突出节日氛围，以主题广告营造节日商机。

（2）员工心情。员工心情的好坏也会直接影响到节日活动气氛。这就要看组织者是否能够调动员工的积极心态，其中最有效的方法就是制定一个恰当的任务与销售目标，活动结束后按照达成率情况进行奖赏。

5.评估总结

每次节日营销整体活动都需进行一番很好的评估总结，才能提升节日营销的品质和效果。

比如，本次活动销量情况、执行有效性、消费者评价比、同业反映概况等。分析每次活动的优点和不足，总结成功之处，借鉴不足教训。评估总结的目的，就是为今后规避风险，以获取更大的成功。

二、节日促销活动策划的细节

节日促销是营销的重要一环，中国人对于重要的节日一向有着特殊的情怀，喜欢在节日进行采购，所以商家自然是充分利用消费者的节日消费心理，逢节日必促销已经成了定律。一般来说，商家在策划节日促销活动时，需注意以下细节。

1.做好节假日前的广告宣传

很多消费类产品，如家用电器、服装、酒类、食品等在节假日都会达到旺销，但这种节日消费并不只是短暂的一两天，而是在一段时期内均具有销售潜力，因此一定要发动先期的广告宣传攻势，引导顾客在节假日的消费，促成销售旺势的形成。

2.举办节假日产品展销会

商场超市应选定合适的节假日，在商场门前或商场活动厅内举办产品展销会。展销会的形式要生动活泼、观赏性强、参与性强，这样才能吸引过往的顾客驻足观看。在产品介绍中穿插歌舞表演、时装表演等，进行现场有奖问答，让消费者在积极参与活动中了解产品、认知产品，激发购买兴趣。

3.布置祥和、热闹的购物环境

良好的购物环境与氛围也是促成购买决策的一个因素，应对商场进行精心装扮，统一布局店面广告，商品陈列整齐美观，独具匠心地使用装饰品，如气球、灯笼、彩旗、霓虹灯等，烘托出祥和、热闹的节假日气氛。

4.恰当地选用各种促销手段

节日前，顾客们都持币待购，货比三家，指盼着能在节假日里花最少的钱买到称心如意的商品，得到最好的服务。假日的销售总量虽比平时多，但也有定值，而且目前是买方市场，顾客挑选的余地非常大，谁家的优势大，顾客就会选择谁。这优势当中，价格是最敏感的因素，为了吸引顾客，商家可以协调厂商审慎地选用降价、优惠、打折、赠送等促销手段，把节日的销售做得红红火火。

三、节日促销活动策划的关键

节日促销活动好做，也不好做，好做是指一般不用为主题烦恼，很好确定；不好做，是指做出有新意、有特色的"出彩儿"的节日促销活动较难。因为节日的促销活动稍不留心，就容易感觉很平淡，因为你想到的，大家也都想到了。

如何能从"平"中见"奇"，如何策划出有新意、有特色的节日促销活动呢？商场超市可以抓住以下两个关键点。

1.吃透"节假日"的内涵

现在很多节假日促销活动亮点不多，而雷同居多，千篇一律，这里面很大一部分原因就是策划人对具体的每一个节假日的"内涵"可能挖掘不够，了解的程度有限。节日的"内涵"可以细分，具体如图11-3所示。

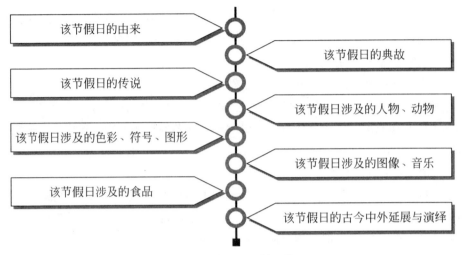

图11-3　节日的"内涵"

由图11-3可以看到，一个节假日涉及的内容很多，任何一个因素我们吃透后，作为策划时的延展与创意，都足以让我们与别人不同。节假日活动之所以平淡无奇，很多时候是因为我们只是把它当成了一个节日的抽象符号，事实上，在该节日的后面隐藏着很多内容，我们没有去挖掘，只看到了表面，而没有看到下面的黄金钻石。

比如说圣诞节，很多商场都能做得比较到位，而且一年比一年好，为什么？因为随着社会的开放，大家了解的"圣诞节"的由来、知识、典故等信息越来越多，掌握的可用因素也越来越多，因此我们就可以做得越来越精彩，不是简单地将圣诞老人、圣诞树往商场门口一放而了之这种原始状态了。同理，我们对有些节日策划起来为什么比较"犯怵"，如复活节、万圣节、愚人节、清明节等，因为我们对这些节日本身就不熟悉，不知道它们是如何来的，不知道有关它的典故，不知道这些节日主要针对哪些人，不知道这些节日涉及什么样的人物、动物、图形、符号、音乐，我们有这么多的不清楚、不知道，也就不可能将这档活动做得精彩、有新意。

2.围绕假日特点展开企划

找出节日促销活动容易平淡无奇的原因后，对商场超市而言，要想策划好节日促销活动，首先要对该节假日有充分的了解，并深挖该节日的内涵，将涉及该节日的一切信息、元素等进行收集、整理，为我所用。掌握的该节日的内涵信息越多，手里的策划"武器"就越多，突破点就越多，这样在策划时就有具体的突破口与发力点，此时再根据丰富多彩而又鲜活的节日信息，就会让我们的联想更加有针对性，使之"虽天马行空，但形散而神不散"，做到让一档节日促销活动既有显著的商业效果，而且包含深厚的文化内涵。

比如端午节，涉及的关键词如下。

（1）具象的：屈原、伍子胥、汨罗江、龙舟、粽子、菖蒲、艾草。

（2）意象的：投江、祭奠、怀念、爱国、辟邪、民俗。

（3）符号的：屈原的图像、龙舟、粽子、菖蒲、艾草。

（4）典型符号的：粽子。

（5）色彩归类：绿色——粽子、黄色——龙舟、蓝色——汨罗江。

按上面罗列的端午节所涉及的关键词，对每一个名词、每一个信息点、每一个角度都可以展开联想，进行有关"节日促销"与"节日助兴促销"活动的策划：由"粽子"展开联想——包粽子——包粽子比赛、包粽子DIY、粽子展销、南北粽子大荟萃；由"龙舟"展开联想——划龙舟——划龙舟比赛、龙舟摄影比赛、趣味儿童龙舟绘画展；由"菖蒲、艾草"展开联想——趣味知识告诉你"菖蒲、艾草"功用等。

有了众多的节假日信息点和可利用元素后，策划与设计活动就可最大化地回避经常见的策划雷同，避免节假日活动的"空洞化"，将别人不为所知，或很少人所知的节日元素呈现，凸显出一个自我的有新意、有特点、"出彩儿"的"节假日促销活动"。

相关链接

节日促销活动策划需注意的问题

1. 节日的分类与土洋之分

数一下日历牌，目前的节日可以说是眼花缭乱，面对这么多的节日，一定要有所分类，这样才能让我们的工作有针对性。通常情况下，我们将节日进行如下区分。

（1）按时间顺序。以时间的先后顺序进行区分，一般建议策划者准备一份详细的"年度节日总表"，这里面应该涵盖所有的古今中外节日，供自己检索与使用。

（2）按中国与外国之分。中国节日，即我们讲的"传统节日"、"土节"，如清明节、端午节、八一节、中秋节、国庆节、春节、元宵节等。

外国节日，即我们讲的"洋节"，如情人节、愚人节、复活节、母亲节、父亲节、万圣节、圣诞节等。

（3）按重要性区分。

重要性节日：如五一节、中秋节、国庆节、春节、圣诞节等。

次重要性节日：如情人节、三八节、端午节、元宵节、母亲节、父亲节等。

一般性节日：如植树节、愚人节、复活节、万圣节、冬至等。

（4）另外，还有按娱乐类节日与专业类节日区分。

专业类节日：世界卫生日、世界地球日、全国爱眼日、国际护士节等，这些节日涉及较为专业，为某一个领域里的专业节日。

在以上几种节日的区分中，最重要的就是节日的"土"、"洋"之分。通常情况下，大家对我国传统的节日都比较熟悉，而对于一些近年来逐渐兴起的"洋节"似乎不是太熟悉，如复活节、万圣节等，因为吃不准，所以就不知策划从哪里入手，不是把该节日活动做得比较"肤浅"，就是将该节日活动做得"不伦不类"，成为一个"夹生饭"的活动。

对于卖场装饰、氛围营造这方面来说，对这些节日的"典型符号"如果搞不明白，也就不可能设计出、装饰出节日特点鲜明、气氛浓烈的卖场装饰效果。

2.节假日营销节奏的把握

在一年的节假日中，有几个重要节日是紧密相连的，从商业企划角度来讲，放弃哪个节日都是被市场不允许的，如9月、10月的"中秋国庆档"促销，这两个中国人非常看重的节日，往往是紧密相连的，在往年，这两个节日甚至只隔了2～3天。对于顾客来讲，这样的节日属于"喜上加喜"，但对于商业活动策划者来说，却是一个"欢乐的烦恼"，因为常规情况下，"中秋节"与"国庆节"是分别策划的，虽然都是重要的节日，但二者的节日由来、针对促销商品的类别、促销的受众还是有所不同的，每一个节日都需要精心策划，组织商品、组织人员、卖场装饰、宣传推广，耗费大量的人力、物力、财力，且活动结束后还需要人员休整与效果评估，然后再投入到下一档活动，但如果是"中秋节"与"国庆节"紧密相连，中间只差几天，前后脚到，这对于活动策划者来说，的确是一道难题，是分开做呢？还是连在一起做？同样的问题还发生在12月到次年1月份的"新春档"，从12月22日的"冬至"，到12月24日的"圣诞平安夜"，到12月25日的"圣诞节"，再到1月1日的"元旦"，以及1月下旬的"春节"（如果该年"春节"较晚，后面马上就会接上"元宵节"与"情人节"），短短的两个月之内，"土节"与"洋节"总计有6个连接在一起，有的中间只隔了五六天时间。首先，这几个节日哪一个都不能轻易放弃，但如果每一个节日都"平均使力"去做，无疑需要庞大的人力、物力、财力来支撑！

遇到这种情况我们应该如何来处理呢？这就需要我们"把握节假日营销节

奏"。我们知道音乐有节奏与曲调，有低音有高音，低音与高音是相互的，一首美妙的音乐如果都是高音，或都是低音，没有节奏的变化与曲调的变化，肯定无法成为音乐，同理，节日再多、节日再重要，也应该把它分类，把这些节日分出轻重缓急，整理出连环多节日的策划思路。

（1）要评估自己手中的资源，资源包括：我手里有多少人可调配？有多少商品、赠品可支配？有多少企划费用可花销？

（2）如果资源足够，通常采用"大而全"的企划策略，即每个节日都不放过，一网打尽，每个节日都策划活动，但在策划活动中，应该突出主要节假日，如"新春档"内的"圣诞节"、"元旦"、"春节"等主要节假日为重点，其他节假日为辅助。

（3）如果资源足够，通常建议采取"节日连做，以大带小"的企划策略，如"新春档"内可考虑"圣诞节"、"元旦"整体策划，两节连做，然后"春节"、"元宵节"整体策划，两节连做，中间的小节日可简单策划，小节日策划不再投入过多人力、财力，可考虑"助兴式促销"，这样在每档节日都做的情况下，做到人、财、物的合理利用。

（4）如果资源比较紧张，通常建议采取"抓大放小"的企划策略，即只对重要的节假日进行重点策划，而放弃（或基本放弃）小的节假日策划，这样的目的是把最重要的资金、资源用在最需要的地方上，即"好钢用在刀刃上"。

3.节假日内涵的细分

前面我们已经讲了，吃透"节假日"的内涵是策划的首要前提，而"节假日内涵的细分"是把营销活动做"精"、做出"彩"的必然环节与过程，如"情人节"、"三八节"、"母亲节"，都是和"女性"有关的，在节日促销活动中有类似地方，如果我们对以上几个涉及女性节日的内涵不能做到详细了解与细分，做出的企划促销活动就很可能较为雷同，节日的特点性不明显，最终影响到销售。

如果我们对以上"情人节""三八节""母亲节"进行内涵细分，是否可以这样理解："三八节"的文化内涵更加深厚一些，它含有女性解放、女性独立的思想理念，同时，"三八节"在这3个节日中对女性的覆盖面应该是最广的；"母亲节"是一个"洋节"，是一个舶来品，它的内涵是关心的、关爱的、温馨中带有浪漫的，它所对应的女性消费年龄层应该是15～80岁，即懂事理的儿女们买给"年轻的妈妈们"的礼物；"情人节"的内涵应该是最浪漫、最受年轻人欢迎的节日，它所对应的促销商品应该是18～35岁年轻人喜欢的商品。

通过以上"节假日内涵的深入细分"，站在策划人的角度，让我们对每一个节假日所对应的受众、目标层、消费者都有一个细分，使我们准备促销的商品、促销的赠品更加有针对性，在保证节假日促销热闹、红火、有新意、有特点的前提下，销售额会有一个良好的保障。

4.其他

在策划节假日的活动中，有关活动中商品和礼品的准备、活动人员的培训与安排、活动后的总结与评估和常规的企划活动没有太大差异性。

第三节　节日促销活动策划范本

以下提供商场超市节假日促销活动策划范本，仅供参考。

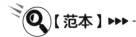 【范本】▶▶▶ ------------------------------

××商场元旦促销方案

一、活动目的

讲究新年的"新"，突出好礼的"礼"。将节日休闲购物与享受实惠娱乐完美结合，让顾客在卖场内感受到新年的愉悦和购物的乐趣，充分体现××商场的家园式购物氛围及无微不至的人性化服务。

二、活动时间

××月××日～××日。

三、活动主题

新年新景象，××好礼多。

四、活动安排

1.寒冬送温暖——新款羽绒服热卖（××月××～××日）

羽绒服为冬季时令性商品，现正处于销售旺季，在二楼中厅布置大型羽绒服特卖场，展销如××、××等各大品牌羽绒服，5～7折热卖（部分折扣较低厂家可与超市共同承担扣点）。

2.新年送惊喜——爱心大换购（××月××～××日）

凡在本商场购物满300元，加6元可换购价值18元的商品（如微波炉保鲜盒）；购物满2000元，加6元可换购价值88元的商品（如电饭煲一个、电吹风一个）；购物满3000元，加6元可换购价值188元的商品（如电磁炉一个）；购物满5000元，加6元可换购价值300元的商品（如手机一部）。

操作说明：凭购物小票至服务台换购商品，并在小票上盖章以示有效，如某商品已换购完，可用同价值商品替换。

3.海报换礼品——剪角来就送（××月××日）

为吸引人气，烘托节日气氛，为节日期间来商场的顾客带来一份惊喜，凡凭本商场节日活动促销彩页设定的"好礼剪角"和购物小票（金额不限），均可到客服中心获赠××商场日历一本，限每人一份，赠完为止。

4.好礼贺新年——购物送会员（××月××~××日）

为更好地挖掘潜在客源，发展会员，为商场带来稳固的消费群体，同时为春节消费高峰提供更多的客流保证，值元旦促销之际，特举行购物送会员卡活动。活动期间凡在本商场购物满200元以上，均可免费获赠会员卡一张，不累计赠送。（已赠者小票加盖已赠章，由市场部组织配合实施）

五、活动评估

本次促销活动旨在宣扬商场节日气氛，烘托商场购物氛围，吸引更多的顾客，送实惠及娱乐于大众，对商场销售的提升及形象塑造均有较大益处。

各促销措施需得到厂家支持，各相关业务部门应与厂商积极协商，方可达到事半功倍的效果。商场各部门针对本次活动应积极实行人员及物资的配合，特别是人力资源部门，应及时组织相关工作人员到卖场协助工作的开展。

本次活动应成立专门指挥小组，由总经理为组长，统一指挥、统一调度，为活动的顺利开展做好充分的后台工作。

六、媒体宣传

1.杂志宣传

在本地最有影响力的商业杂志《××在线》上做一整版（彩版）广告。

2.彩页宣传

制作一期大小8开纸质彩色宣传页，内容以元旦期间本商场活动内容和特价商品为主（附带领取赠品剪角），员工散发或夹报发送。（截止到××月××日前散发完毕）

3.报纸

发布时间：××月××日。

报道主题：××商场新年氛围的营造及好礼的赠送！（特卖+赠送+文演+娱乐）

4.网络媒体

在当地点击率最高的"××信息港"首页"行业快讯"栏目设立活动专页链接。

5.电视媒体

15秒配音字幕广告（节前一周，每晚播放两遍）。

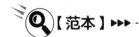

【范本】━━━━━━━━━━━━━━━━━━━━━━━━━━━━━━━━━

××超市春节促销方案

一、活动目的

稳定老顾客，发展新顾客，引导消费者，在节日期间提高销售。

二、活动时间

××月××～××日。

三、活动主题

欢喜购物贺新春，齐家同贺旺财年。

四、活动安排

1.迎新春、贺新年、送春联（××月××日）

（1）活动内容。凡在本超市购物的顾客，可在卖场指定地点领取台历一本。限60名，送完为止。

（2）说明。

——卖场在收银处指定领取区域，由专人负责春联的发放。

——活动结束后卖场将春联的发放明细统一整理后，注明卖场号交回营销部。

2.年到福到礼送到（××月××～××日）

（1）活动内容。凡在本超市一次性购物满88元，凭单张购物小票均可在卖场指定地点领取新年红包一个，购物金额不得累计。顾客凭红包里相应的优惠条款，在本超市获得相应的新年实惠。

（2）说明。

——卡片需加盖卖场专用章。

——卡片在兑换商品后需注明已换并回收。

——新年卡片设计制作（营销部）活动店××月××日至营销部领取。

——红章制作（营销部）活动店××月××日至营销部领取。

——活动兑换时间截止后1月15日将兑换商品明细及卡片交营销部。

——卖场每天统计出红章各个级别的总数。

3.庆元旦贺新春送大礼（××月××日～××月××日）

（1）活动内容。凡在超市活动店购买"××"系列纸单张购物小票金额满68元，即可凭收银小票领取价值2.8元的××情侣皮夹链子1条，满118元领取2条，单张购物小票最多领取2条。

（2）说明。

——赠品直接送到配送中心物资库，由物资库进行统一配发至相关活动店，并记录所发赠品数量。

——活动结束，卖场将收银小票统计整理，于××月××日返回营销部，附换赠明细表。

——营销部整理收银小票明细发物资库，物资库按照明细表回收分场未送完赠品，统一退供货商，其中出现的数量短缺，由分场自行承担损失金额。

——已换部分商品由营销部提供的收银小票报商家处进行冲兑。

4.××影楼喜连缘，百家欢喜贺新春（××月××日）

（1）活动内容。在活动时间内，凡在本超市一次性购买金额达到一定标准，凭单张购物小票均享受以下优惠。

一次性购物满108元，免费提供化妆、造型、服装一次，照艺术照，送一张艺术照。

一次性购物满138元，免费提供化妆、造型、服装一次，照艺术照，送两张艺术照。

一次性购物满168元，免费提供化妆、造型、服装一次，照艺术照，送四张艺术照。

一次性购物满218元，免费照全家福一次，限三人，送两张。

（2）说明。

——超市在专版海报上宣传活动内容，并宣传××影楼的特色服务。

——影楼提供折扣支持和照片支持。

——双方本着互惠互利的原则，如果任何一方未能满足方案中提出的要求，均承担另一方的所有损失。

——满足金额的顾客的购物小票均加盖卖场章和附上××影楼宣传册，顾客凭此据均可在××影楼享受优惠。

——顾客享受优惠时间截止到××月××日。

——收银员在收款时，查看顾客是否满足其条件，然后将购物小票加盖章并送出宣传册。

【范本】▶▶▶

××商场情人节促销方案

一、活动目的

西方情人节主要针对的是年轻人，可以通过一系列的活动提高年轻顾客的参与，使销售额创新高。

二、活动时间

2月6日至14日（情人节）。

三、活动主题

缘定今生，你我相约。

四、活动安排

1.爱之物语巧手含爱意（2月6日至9日）

活动地点：商场二楼。

活动内容：您有一双巧手吗？您想用您的巧手做出一份爱的礼物吗？让这份礼物成为你们爱情的见证。活动期间，凡当日累计购物满188元以上的顾客（188元以上不再累计），可凭购物小票领取"爱之物语卡片"制作材料一份！每日限100份，共计300份，每人限领1份。礼品数量有限，先到先得，送完即止。

2.玫瑰情愫满怀馨香（2月14日）

活动地点：商场二楼。

活动内容：活动期间，凡当日累计购物满300元以上的顾客，即可凭购物小票到一楼服务台领取情人节玫瑰花1束，每人限领1束，共限88束。鲜花数量有限，先到先得，送完即止。

3.郎才女貌对对碰（2月14日15:00～18:00）

活动地点：商场一楼正门舞台。

活动内容：你们想一起度过一个浪漫的情人节吗？你们想度过一个特别的情人节吗？快来看看吧！在这里我们会助您达成愿望，只要您觉得您和您的情人是郎才女貌的最佳情侣，就快来报名吧！这里有重重关卡要考验你们哦！

考验分为三个部分：一是情歌对唱（请自备伴奏带）；二是心有灵犀一点通；三是爱的表白。名额有限，限报10名，在这里我们会有丰厚大奖等着您哦！

奖项设置如下。

郎才女貌奖1名，奖价值388元的礼品。

心有灵犀奖2名，奖价值288元的礼品。

浓情蜜意奖3名，奖价值188元的礼品。

参与奖4名，奖价值88元的礼品。

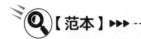 【范本】►►►

××商场五一劳动节促销方案

一、活动目的

本次促销活动主要是由消费者直接参与项目，"我劳动，我美丽"。通过活动，不仅促销商品，提升企业形象，还增强民众素质，美化心灵，满足顾客的精神需求。

二、活动时间

5月1日至3日。

三、活动主题

我劳动，我美丽。

四、活动安排

1. 美丽展示（5月1日10:00～16:00）

（1）地点：商场舞台以及各时装展卖楼层。

（2）内容：在舞台或楼层，设时装表演展台，由本市著名模特表演公司友情串场，指导顾客自己过一把模特瘾。只要学做一遍模特表演，就可以获得该品牌时装半价优惠，或直接赠送，详细折送内容，见现场海报；参展模特可获得免费造型照片3张；当天评出最佳表演者、最佳创意者、最佳搞笑者，获奖者可获得商场荣誉证书称号，赠券300元，并有机会做商场兼职模特。

（3）准备：各种时装品类排定、道具、更衣室、保安、音响、摄影、赠券、模特队。

2. 劳动者美丽（5月2日10:00～16:00）

（1）地点：商场舞台。

（2）内容如下。

——市、区两级劳模现场颁奖，政府主持（提前联络），奖品由商场发放。（有社会意义，还可能招来新闻记者，取得新闻营销效果）

——商场柜组劳模演讲、事迹介绍。（加强劳动荣誉感、提高企业凝聚力、联络和顾客之间的友谊）

——家庭劳模评选：现场观众自愿上台介绍自己"在家庭工作的典型事迹"，评出一二三等奖，商场适当奖励。（本部分应该热闹搞笑，建议分设几种家庭工作类别，如洗衣、做饭、带小孩，每个类别设一套问题，谁回答得最完整、掌声最多，即可胜出）

——和劳模一起工作：设15个柜台岗位，现场自愿报名参加和本柜台劳模一起工作，商场给予一定报酬；想要购买该商品，可以在柜组协助售货，售出一件商品，奖励一定折扣，直到将该商品送出。（本部分持续时间长，覆盖顾客范围广、影响大，可以让顾客知道营业员有多辛苦，加深双方友谊和相互理解信任）

（3）活动准备：设定一起工作的柜组和注意事项、临时工作牌、折赠商品；评选回答问题；商场内部劳模事迹牌、光荣榜、流动红旗等；颁奖所需奖品；政府领导联络、接待以及新闻通稿。

3.美丽品牌我心仪（5月3日10:00～16:00）

（1）地点：商场舞台。

（2）内容：商场商品性价对比调查展示会。

届时将会有99种商场热销品牌在本市各大商场的销售、服务情况调查结果现场展示，证明我商场商品质量好、价格低、服务优。

凡是4月份在我商场购物价值2000元以上的顾客，和本月在我商场已经购物满2000元的顾客，可以凭购物证明领取1类商品调查表1张，调查完毕后于5月2日晚6:00前送到商场服务台，即可获得价值25元礼金券1张。

5月3日将调查结果展示在商场舞台。现场还有抽奖活动，调查者有机会获得价值若干的某品牌商品。（穿插进行被调查品牌厂家促销活动）

（3）准备：提前通告、调查表、调查总结、现场布置、奖品、参加厂家、自备调查结果。

五、媒体宣传计划

（1）一周前广告预热。

（2）主题说法：某商场将在劳动节期间全新推出"我劳动，我美丽"大型系列活动，敬请关注。

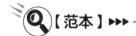 【范本】▶▶▶ -------

××超市端午节促销方案

一、活动目的

五月初五端午佳节时，中华民族都有赛龙舟、挂艾蒿、饮雄黄酒，和吃粽子、咸蛋、绿豆糕等习俗。通过举办一系列活动，营造端午过节气氛，从而吸引顾客前来参与购买，提高销售额。

二、活动时间

6月15日至20日。

三、活动主题

万水千山"粽"是情。

四、活动安排

（一）粽香千里，免费品尝（6月15日9:00～11:00）

活动期间在现场设免费试吃台，为您准备好了款款美味香浓的粽子和绿豆糕，让您边品尝，边购物，过一个欢乐愉快的端午节。机会难得，请勿错过！

活动细则如下。

（1）活动道具准备：粽子、绿豆糕试吃品（由供应商提供），蒸锅1个、试吃台1个、托盆3个、一次性塑料杯20条（小）、牙签2盒。

（2）注意现场整洁和卫生。

（3）现场叫卖促销，宣传活动。

（赠品和道具由供应商赞助）

（二）粽香千里，情系万家（6月15至18日）

（1）凡在活动期间于本超市一次性购物满138元，即可凭电脑小票到服务台领取"福、禄"粽子一个（每天限200个）。

（2）凡在活动期间于本超市一次性购物满298元，即可凭电脑小票到服务台领取"寿、禧"咸蛋一盒（六个装）（每天限100盒）。

（3）凡在活动期间于本超市一次性购物满600元，即可凭电脑小票到服务台领取"福、禄、寿、禧"包一个（粽子1个、咸蛋1盒）（每天限30份）；赠品数量有限，送完为止。

（4）活动细则。

——活动赠品进行生动性陈列，并于赠品上贴上"福、禄、寿、禧"字样。另外，印刷带有"福、禄、寿、禧"加上店名字样广告小气球，进行门店派发。

——服务台员工严格登记赠品的派送情况，并于活动结束后将赠品登记表上传市场营销部。

（三）"福、禄、寿、禧"送老人，尊老敬老爱心行（6月16日端午节）

尊老敬老是中华民族的传统美德，本超市将于6月15日14:30～17:30于本超市设包粽子处，盛邀您参加"福、禄、寿、禧"送老人，尊老敬老爱心行。届时将为您准备好包粽子的所需材料，让您一展身手。同时，将把您包的粽子于端午节（6月16日）上午送给社区的老人或老干部，以表对老人的一份爱心。参加此活动的顾客均可得到本超市送出的精美礼品一份。

活动细则如下。

（1）门店企划部和店内员工准备好长桌放于商场出口处，并做现场气氛布置，特别布置"福、禄、寿、禧"送老人，尊老敬老爱心行横幅，以宣传活动，提升公司形象。

（2）店内员工准备好包粽子的各种材料，在桌上分4处放置好。

（3）现场须有本超市员工带头包粽子，促销员口头语言提醒和诱导顾客参加活动，并准备好活动赠品。

（4）在蒸熟的各个粽子上分别贴上"福、禄、寿、禧"红字，将粽子包装在礼篮内，并在礼篮上贴上"福、禄、寿、禧"送老人字样。

（5）店人事处于活动前两天联系好各店要慰问的老人院或老干部活动中心，确定慰问时间和活动流程。

（6）由店长、企划部经理等店领导带领店内员工和热心顾客一同去拜访老人，为其送上礼物，以表慰问。

（7）店企划部做好后勤和宣传工作，将活动的过程和效果进行拍照并于活动结束后上传市场营销部。

五、活动宣传

（1）店企划部于6月3日将喷绘好的活动内容宣传板摆在店正门口显眼位置和服务台，做前期宣传。

（2）活动期间，店内广播准确、简洁播放活动内容，播放频率不得小于2次/30分钟。

（3）活动期间，店收银员和员工积极主动告知顾客参加促销活动。

（4）加强对促销员的促销意识培训，让其明白搞好××超市的促销活动是互利的，使其积极主动地融入××超市的促销活动中来，做好促销活动的口头宣传。

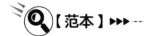【范本】▶▶▶

××超市儿童节促销方案

一、活动目的

每年的6月1日是国际儿童节，在这一天，很多家长会陪孩子出去玩，为了把握这次商机，××超市针对六一儿童节制定了促销方案。"六一"国际儿童节不仅能带动人气，促进相关商品的直接销售，而且能建立良好的企业形象，增强品牌势能。同时，希望通过这次六一儿童节的促销活动，提高××在少年儿童心目中的影响力，提高成人的消费，以特别的比赛互动形式营造六一儿童节的欢乐气氛，促进儿童商品的销售。

二、活动时间

5月27日至6月3日。

三、活动主题

庆六一，欢乐送；活动多，礼品多。

四、促销商品

主要是儿童类消费品，比如童装、童鞋、玩具、文具、体育用品、图书、零食饮料等。

五、促销宣传

人员宣传：在××超市门口安排人员对过往的人进行宣传（主要针对带着小朋友的家长），吸引他们进来参加促销活动。

派发传单：安排工作人员到幼儿园、小学和初中发放宣传单，扩大本次促销的知名度。

六、活动安排

1.儿童类商品8折销售

活动时间：在5月27日至6月3日期间。

活动地点：××超市。

活动对象：任意消费者。

活动内容：在本次活动期间，购买童装、童鞋、儿童用品、学生用品，以及指定的零食和饮料全场6～9折，其中根据商品的利润和销售量来确定商品的打折力度。

2.卡通面具大放送

活动时间：在5月27日至6月3日期间。

活动地点：××超市六一儿童节领取礼品的专柜。

活动对象：不管是成人还是小朋友都可以凭票领取卡通面具。

活动内容：1000个卡通面具免费大发放，凡在超市进行消费的消费者可以凭购物发票免费领取卡通面具1个。

3.个个有奖，礼品大放送

活动时间：在5月27日至6月3日期间。

活动地点：××超市六一儿童节领取礼品的专柜。

活动对象：不管是成人还是小朋友都可以参加抽奖。

活动内容：凡在物美超市消费满50元的消费者，可以凭借购物小票到××超市六一儿童节领取礼品的专柜进行抽奖，每个人都能获得一份奖品。

奖品如下。

一等奖1名：英汉电子词典。

二等奖10名：乒乓球拍一副。

三等奖50名：铅笔一支。

安慰奖：心连心促销气球一只。

4.免费摄影机会放送

活动时间：在5月27日至6月3日期间。

活动地点：××超市六一儿童节领取礼品的专柜。

活动对象：不管是成人还是小朋友都可以凭票领奖。

活动内容：××超市与附近的摄影楼合作，凡在本超市消费满200元的消费者，可以凭借购物小票领取免费的摄影券，家长可以凭票带着小朋友拍摄1张10寸照片并冲洗照片。

5.魔术智慧片拼图比赛

活动时间：5月31日至6月1日两天早上9:00～11:00，下午3:00～5:00；一共举行24次比赛。

活动地点：××超市门口广场。

活动对象：4～15岁的小朋友。

比赛分组：4～6岁一组，7～10岁一组，11～15岁一组；每组20个小朋友。拼图的难度依次增加。

活动限时：8分钟。

活动内容：参赛儿童在规定时间内将打乱的拼图拼好，在比赛规定时间内完成的小朋友可以领取气球一个，同时，每场比赛第一个完成的小朋友可以获得喜羊羊布偶一只。

6.爸爸妈妈比画，宝宝猜比赛

活动时间：5月31日至6月1日两天早上8:30～11:00，下午2:00～5:00。

活动地点：××超市门口广场。

活动对象：4～15岁的小朋友；4～6岁一组，7～10岁一组，11～15岁一组。

活动限时：5分钟。

活动内容：参加比赛的家庭选出一位家长和小朋友一起参加本次活动，由家长比画所出的物品，宝宝来猜；所选取的物品是小朋友经常接触的物品，难度根据小朋友的年龄不同有所不同，分为4～6岁、7～10岁、11～15岁三组，难度随着年龄的增加而增加；能猜出两个的小朋友可以领取气球一只，猜出5个的小朋友可以领取铅笔一支，猜出10个的小朋友可以领取娃哈哈爽歪歪一瓶，猜出20个的小朋友可以领取喜羊羊玩偶一只。

七、注意事项

1.保证比赛和抽签的公平性

在本次促销活动中必须保证抽奖和比赛的公平公正性。由于参加比赛的小朋友年龄段不同，比赛的难度有所差异，因此我们要尽量做到比赛的公平，避免在比赛中有不公正的行为，引起家长的不满和反感，提高顾客对我们超市的认可度。

2.保证奖品存量足够

由于本次促销活动需要很多奖品，因此我们要确认奖品存量足够，避免出现有顾客来领取奖品或者抽取奖品时，奖品却不够的尴尬情况。

3.提早准备好比赛现场

提早搭建好比赛的场地，工作人员早点就位，防止小朋友来了，比赛由于一些原因还不能开始，比如工作人员没有就位、比赛现场还没搭建好、话筒出现问题等。

4.确保活动的安全性

确保本次促销活动中人员安全，避免由于人多、比赛而产生的一些不安全的情形，比如说小朋友私自去抢奖品、小偷偷窃的行为、踩踏行为，确保每个来到我们超市的顾客和小朋友都能愉快地来，愉快地走。

5.现场氛围营造

节日活动气氛包括两部分。一是现场氛围，包括气氛海报、POP张贴、装饰物品的布置、恰到好处的播音与音乐，这些将会在很大程度上刺激顾客的购买欲望。具体而言，做好主题广告宣传，从色彩、标题到方案、活动等均突出节日氛围，以主题广告营造节日商机。另外一种氛围就是员工心情，这就要看组织者是否能够调动员工的积极心态，其中最有效的方法就是制定一个恰当的任务与销售目标，活动结束后按照达成率进行奖赏。

 【范本】▶▶▶ --

××超市中秋节促销方案

一、活动目的

本次促销主要是以中秋月饼的消费来带动卖场的销售，以卖场的形象激活月饼的销售。预计日均销量在促销期间增长8%～18%。

二、活动时间

9月××至××日。

三、活动主题

团团圆圆过中秋。

四、活动内容

1.促销活动安排

（1）买中秋月饼送百事可乐。

买108元以上中秋月饼送355毫升百事可乐2听。（价值5元）

买200元以上中秋月饼送1250毫升百事可乐2瓶。（价值13元）

买300元以上中秋月饼送2000毫升百事可乐2瓶。（价值15元）

（2）礼篮。298元礼篮：龙凤呈祥香烟＋加州乐事＋价值120元中秋月饼。

198元礼篮：双喜香烟＋长城干红＋价值80元中秋月饼。

98元礼篮：价值40元中秋月饼＋20元茶叶＋加州西梅。

（3）优惠活动。促销活动期间，在卖场凡购物满280元者，均可获赠一盒精美月饼（价值20元／盒）。

在9月10日的"教师节"，进行面向教师的促销：凡9月9日至10日两天在本超市购物与消费的教师，凭教师证可领取一份精美月饼或礼品（价值20元左右）。

2.整合促销

（1）广告。在内部电视广告上，隔天滚动播出促销广告，时间为9月1日至20日，每天播出16次，15秒／次。

（2）购物指南。在9月1日至20日的"购物指南"上，积极推出各类促销信息。

（3）店内广播。从卖场上午开业到打烊，每隔1个小时就播1次相关促销信息。

（4）卖场布置。

场外布置如下。

——在免费寄包柜的上方，制作中秋宣传横幅。

——在防护架上，对墙柱进行包装，贴一些节日的彩页来造势。

——在广场，有可能的地方可悬挂气球或拉竖幅。

——在入口，挂"××超市庆中秋"的横幅。

场内布置如下。

——在主通道、斜坡的墙上，用自贴纸等装饰，增强节日的气氛。

——在整个卖场的上空，悬挂可口可乐公司提供的挂旗。

——在月饼区，背景与两个柱上挂"千禧月送好礼"的宣传；两边贴上可口可乐的促销宣传。

——月饼区的上空挂大红灯笼。

3.具体操作

（1）移动电视频道的15秒广告，由公司委托××广告公司制作，在广告合同中应当明确不同阶段的广告内容；预定在8月28日完成。

（2）购物指南由采购部负责拟出商品清单，市场部负责与《××晚报》印刷厂联系制作，具体见该期的制作时间安排。

（3）场内广播的广播稿由市场部提供，共三份促销广播稿，每份均应提前两天交到广播室。

（4）场内外布置的具体设计应由市场部、美工组负责，公司可以制作的，由美工组负责，无能力制作的，由美工组联系外单位制作，最终的布置由美工组来完成。行政部做好采购协调工作；预定场内布置在8月28日完成。

（5）采购部负责引进月饼厂家，每个厂家收取500元以上的促销费，同时负责制订月饼价格及市场调查计划，在8月10日前完成相关计划。

（6）工程部安排人员负责对现场相关电源安排及灯光的安装，要求于8月28日前完成。

（7）防损部负责卖场防损及防盗工作。

（8）生鲜部负责精美月饼的制作。

4.注意事项

（1）若场外促销的布置与市容委在协调上有困难的，场外就仅选择在免费寄包柜的上方制作中秋宣传横幅。

（2）若在交通频道上的宣传不能达到效果时，可选择在报纸等其他媒体进行补充宣传。

（3）市场部应进行严格的跟踪，对出现的任何异样及时进行纠正。

 【范本】▶▶▶

××超市国庆节促销方案

一、活动目的

为了更好地做好十一长假的促销工作，提高企业的知名度，将十月黄金周打造为本超市的"销售黄金周"。

二、活动时间

9月25日至10月10日。

三、活动主题

欢度国庆，欢乐购。

四、活动安排

1.免费发送国庆纪念章（10月1日）

10月1日当天凡到本超市购物者（不受消费金额限制），均可在服务台领取国庆纪念章一枚。

2.包罗万象，运动走四方（9月25日至10月7日）

十一长假出行的人较多，而运动服饰因其休闲性是旅游的首选，包类产品更是必备品，在本超市购××或其他品牌正价货品可享受8折优惠。

3.运动形象广场秀（10月1日上午）

前期准备：模特雇佣、服装提供、T形台布置、音响、综合彩排。

主题：运动形象。

配饰：卖场运动配件。

费用支出：模特费、饮料（可用现调机）。

宣传配合：现场散发本超市十一活动的清单，印制彩页，彩页上附抵用券、超市知识有奖问答。

4.运动大力士"掰手腕"大赛（10月2日下午）

地点：篮球场，设台子（需赶制）。

比赛方式：现场报名，抽签分组，三局两胜。

人员配合：裁判一名、编排一名、现场主持一名。

5.亲子活动系列（10月3日下午）

抢板凳，踩气球，铿锵二人行（老少配）。

地点：足球场内。

报名：凡是家长携小孩均可免费报名参加。

五、媒体宣传

××交通广播网，每天广播9次，套播时间：20秒。

××经济广播电台，每天广播9次，套播时间：20秒。

《××晚报》彩色通栏。

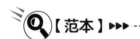

【范本】▶▶▶

××超市圣诞元旦促销活动方案

一、促销思路

（1）圣诞、元旦时期加强各门店气氛布置，大力提倡创意气氛布置及关联性商品陈列，并以气氛评比的形式，激发门店布置的积极性。

（2）各连锁分店全力执行"圣诞狂欢度平安，元旦送礼乐翻天"促销活动计划，发挥促销的真正作用，创造气氛、吸引人流、提升销售。

二、活动时间

××年××月××日至××年××月××日。

节庆假日：冬至，××月××日；平安夜，12月24日（星期五）；圣诞，12月25日；元旦，1月1日（星期六）。

三、活动主题

圣诞狂欢度平安，元旦送礼乐翻天。

四、促销商品组织

（1）DM版面安排：8P，促销商品70支。

（2）DM商品安排。

封一：封面活动主题圣诞来历。

封二：圣诞用品专版20单品。

封三：洗化、家居百货20单品。

封四：酒饮、奶制品20单品。

封五：杂货休闲食品为主20单品。

封六：杂货南北干货、调味为主20单品。

封七：火锅料、汤料、水饺、汤圆20单品。

封底：生鲜20单品。

（3）版面设计以紫色、红色为主色调，突出季节特点，另外，突出冬季促销主题，促进商品的销售。

五、促销商品活动

（1）冬至（××月××日）当天推出较多火锅料、汤料、水饺、汤圆等特价销售，可关联性陈列，并快讯推介相关的调味系列商品及火锅用品。

（2）圣诞节前期推出圣诞贺卡、圣诞礼品、圣诞装饰品、圣诞帽、散装糖果、朱古力等应季商品。

（3）元旦促销期建议加强会员价的覆盖面及特价幅度，在新的一年里，给会员顾客留下一个良好的印象。（目前，我司会员价与零售价相差甚微，顾客意见很大，达不到真正的实惠会员，因此，元旦节日销售，建议各大分类销售排名前几位的商品不妨拉大零售价与会员价的距离，做超低会员价销售，并做快讯主题推介）

（4）元旦快讯促销品以清洁用品为主，烟、酒、礼品、保健品等开始推介。

（5）生鲜商品建议每天做1～2个超低价，上快讯的水果、蔬菜需要全部订出价格。

六、促销活动安排

第一曲：购物28圣诞帽带回家。

时间：12月22日至24日。

地点：各连锁分店。

内容：凡于活动时间内，在各连锁分店一次性购物满28元，即可凭当日电脑小票送圣诞帽一顶（指定柜组除外），单张小票限领一顶，数量有限，送完为止。

圣诞帽：10000顶×0.8元=8000元。

第二曲：圣诞节，送欢喜。

时间：12月22日至25日，每晚6:00～8:00。

地点：各连锁分店。

内容如下。

（1）活动期间，由各门店自行安排一位身材较为矮胖机灵、具有幽默感的员工，穿上圣诞老人服装（装扮得越像越好），背上礼物糖果袋，在店门口或卖场内（最好是巡回走动效果好）为来店的小朋友派发糖果和圣诞节小礼物。

（2）凡一次性购物满28元的顾客，还可免费和圣诞老人合影留念一张（限××店、××店）（照片在各店指定时间内领取），同时，还可与圣诞老人猜拳（剪刀石头布，三局两胜），胜利的顾客即可用一只手在圣诞老人糖果袋里一把抓，抓多少免费得多少。

（3）散装糖果。由采购部负责联系赞助散装糖果，A类店约配20公斤，合计约400公斤，12月21日前下发各店。

（4）其他赠品、小礼物，由各门店自行解决。

第三曲：元旦送大奖，购物更疯狂!

时间：12月29日至元月2日。

地点：各连锁分店。

内容如下。

（1）活动期间，一次性购物满48元的顾客参加抽奖一次，以此类推，两次封顶，百分百中奖，永不落空。（特价除外）

兑奖地点：各门店大门口。兑奖办法：即抽即中，即中即奖。

（2）奖项设置如下。

一等奖30名：奖自行车一辆，售价200元×30=6000元。

二等奖400名：奖10卷装卷纸一提或可乐一提，售价10元×400=4000元。

三等奖1000名：奖××酱油一瓶，售价3元×1000=3000元。

纪念奖10000名：奖××洗衣皂一块，售价1.5元×10000=15000元。